For Dad, Mom, Vee 及所有我的 Patreon 支持者。

電影萬歲

DISC B ▶▶

畢明 

序一

尖酸不刻薄、姣思又孳屎

同一套衣服造型給不同人演繹，有些人特別好看。寫作如是，同一個主題，看畢明寫的文字，零舍有型。

“It is absurd to divide people into good and bad. People are either charming or tedious.”— Oscar Wilde

看畢明的文章才讀到奧斯卡・王爾德的這句名言。

在網絡資訊還沒氾濫的年代，我會找不同雜誌專欄，看喜歡的作家，寫精尚的人、情、物、事和影評。

有很多文章看兩行已讀不下去，因為 tedious 冗長乏味和固步自封。畢明的文字生猛有趣，總是有道明媚光線引領我看得津津有味。

自命奧斯卡神婆，賽果命中率超過 90%，每年看電影超過百幾部，評論電影的角度思路清晰、尖酸但不刻薄的提問，不留情面却說中要害。

俗語所謂：啱咀型朋友多傾兩句，啱心水文章多看兩遍……我是百份百忠實讀者。

多年後因為一個名為「18 種香港」的音樂旅程初次認識畢明，有種老朋友相遇的一見如故。

我不知道畢明這個名字到底是筆名的同音，還是作者自省，很多事情都不明所以，仍然要虛心學習，常存謙卑。

反正有種 Buddy 就是不用多說話，明就明，不明就……！

我真的年紀稍大一點，從此以「畢仔」相稱。

我認識的朋友裏面畢仔的牙尖嘴利絕對名列前茅，出語快捷、口齒伶俐；嘴巴厲害、辨論比賽遇着這樣的對手註定不幸。

貪文戀字發書寒，滿腹墨水，中外文學以外，時裝、音樂、藝術、設計、廣告、電影、戲劇、電視、新聞、運動，以致美食佳餚無一不深究細嚼，尋根問底，穩站基礎的由來，才能保持敏銳的觸覺，緊貼時尚潮流。

開宗明義「活姣啲」，懂得生活，欣賞在各自領域盡顯風騷的才是最有型的翅膀。面對拿度、費達拿的狠和勁、Cumberbatch、Jude Law、三船敏郎和阿倫狄龍的邪魅狂狷又何須正邪定分界……欣賞之餘稱之 darling 或 honey 絕對無可厚非，稍稍把高雅矜持荷爾蒙暫放一旁，正是波榮有罪，揈𡱁【註 1】有理。人不貪玩點 happy，吃好玩好，看好活好，才是對生命最好的擁抱，對鬱悶城市最好的報復。

又看到那篇「性感的羊，配感性的紅」寫的食羊無限好，從食材，配料，做功，上碟到配酒，那陣饒腴豐美複雜層次的形容，騷在骨肉裏的滋味，羶香迷人，簡直讓讀者垂涎三十尺……畢仔拿捏的繪形繪聲、令人想入非非的描繪，是絕對手到拿來，不費吹灰。

註 1　風騷女子「粉臀輕搖」。
揈，通「擊」，指「迅速地上下振動、搖晃」。
「𡱁」，就是指搖晃屁股，形容女性之風騷。

想起剛入行，我做助理時，收到要尋找戲用道具的指令，包括：一把很憂鬱又傷痛但充滿豐富色彩的雨傘，鹹濕的矮瓜、蠱惑 fax 機等⋯⋯我懷疑可能都是出自同系教材書。

説到底，看畢明的文字讓我學會 love and hate，要知道為什麼喜歡，如何討厭，有時痛，有時溫暖，溼透有時，乾枯也有時。如果電影在表說不同人生故事，那我想學懂看得更加透徹。

寫情書，也要像畢明那樣寫得幽默絕活，淋漓盡致。「愛情不是 Window shopping，看見櫥窗精美不行動，要試身要了解要相處要努力的，要令對方變成自己身邊的，過後幻想猛 J 無用。」

收筆時收到畢明發的朋友圈動態，正在歐洲某個山頭爬山，我今早也在太平山頂盧吉道跑了兩圈，風光明媚，秋風送爽，涼快。反正繼續各自爬山！

文念中

美術指導

序二

知道畢明將會把她過去二十年所寫的電影評論結集成書，非常期待。

認識畢明起碼超過三十年了，三十多年來，我發行的電影試片時都會看到她的影子，雖然她的文章有時頗串，但人總是笑容親切的，她辦數很多，廣告、傳媒、電影、美食，樣樣精通，我特別喜歡看她寫電影，感受到她愛電影，對電影有深厚的認識，評論不偏不倚、生動有趣，尤其是每年預測奧斯卡得獎名單，命中率非常高，不愧為奧斯卡神婆，現在在香港見不到她看試片的身影，卻希望能繼續讀到她寫電影的文章。

Winnie Tsang
Golden Scene 高先電影創辦人

自序

本來不打算寫序，但看見杜汶澤寫「以前當影評是收稿費賺錢的，現在的人卻花錢買票去當 or 去裝影評、電影專家、戲劇教授，莫名其妙」，反而想寫了。

是的，莫名其妙的人真多。我是以前的人，現在寫影評，當然也收稿費賺錢的。花了時間，水準專業，連最低工資也不拿，是自我剝削，也是工業集體自殺。如果香港還有這個工業的話，還是已經沒有了？

人生第一篇影評是在加拿大寫、刊登在加拿大雜誌，那時我還在讀大學。在香港，第一篇影評刊登於《經濟日報》，寫黃子華主演的《沙甸魚殺人事件》，自己冷投稿，被採用了。意想不到、無心插柳地，這影評展開了我迄今長達 30 年的影評、以至專欄生涯。

這篇之後，《電影雙周刊》立即向《經濟日報》找我，想我也為他們寫影評，緊接就是《明報周刊》，之後還有《新假期》、

《星島日報》、《壹本便利》、《飲食男女》，《CUP》、《U Magazine》等等都找我寫影評。單是影評，同時已有 6、7 個框框在身；還先後在《香港電台》及《新城電台》主持節目，講電影、次文化。然後才有其他的副刊、廣告、非影評專欄。肯定說句，沒有於《經濟日報》投稿，一定沒有以後的畢明。就連筆名本身，我也沒想過後來會成為我的代名詞。

那是 1994 年，至執筆的今日，整整 30 年前了。

有朋友曾笑說：「你簡直是 The 影評人」。但在香港，作為影評人，所謂紅、或者好，都是無用的。幾年前，更可以一切歸零。

歸零之前，我已經自己減產，不寫那麼多了，這門工夫，到底是一人前，太多分店很易拉低平均水平，我不要。

2003 年，沙士，如果從加拿大出道開始起計，影評生涯剛好 10 周年，自資出了第一本影評結集《電影未死～101 套好好戲》，請得那時百老匯電影中心的總監、好友麥聖希為我編輯，至今還回味並肩作戰的那場美好的仗，書也賣光斷市了。謝謝 Kubrick 出版。

之後便一直沒有再把影評結集成書，多謝呂嘉俊，才有了這兩本我半生的階段性總結。

於我，電影是學習、欣賞、也經歷人生，解剖人性，解構歷史，包括黑色的陰暗部分。發揮想像，可能性是無限，發功擁抱，光輝慈悲也功德無量。在電影世界裡，故事如真，情感深邃，令人悸動經年，回溯細味幾多次仍可風露立中宵，白髮出多幾條。影評人的角色是一門藝術，也是一門科學，我慶幸這兩本影評集能面世，讓 30 年來在黑暗影院中度過的時光，好像種出了一片小樹林。

幾十年來，我從不敢停止用功，多看不同電影，到世界看更多香港沒有發行、不能上映的，也看舞台劇，去發現、反思不同戲劇、不同演員的演技；堅持看更多的舊片，在影海無涯中保持謙卑。影評不僅評價電影的技術層面，它關乎敘事、角色、故事的佈局和情感的聯繫，關乎好好認識我們觀看電影的時代文化和社會背景，理解它們對生活、生命的影響，更是某種自我人格尋索和完成。我喜歡它的時代性、衝擊性和啟發性。

從賣座大片到獨立佳作，從經典名片到當代傑作，每篇評論都是電影力量的見證，包括了電影挑戰和娛樂我們的能力。這兩本影評集是我另一次、共 20 年對電影的熱愛和執著，希望能為你看過的電影提供新的欣賞角度，未看過的則成為新發現加入觀影清單。

多謝香港的電影發行前輩及朋友，沒有你們的觸覺及眼光，購入許多電影的發行權，香港影迷如我沒有那麼多好電影看。排名不分先後亦相信會有遺漏，多謝安樂的 Audrey Lee 李玉蘭、泛亞（後來高先）的 Winnie Tsang、洲立的黎姑娘、Nan Wong、還有舒琪、後來的 Esther Yeung、Gary Mak 等等等等。多謝這些年來，不同電影公司的公關人員：Tessa、Fiona、Ling、Ching、Venus、 Stephanie、Vivian、Cherry、June、Ponnie、Maria、Jane、Gees、Elly、Eddy、Adrian、Meko、Vivi、Kayan、Ray 等等等等。

謝謝最初識貨讓我正式成為影評人的各媒體、電台文化電影版負責人：Brenda、勞敏聲、Norris、二三、Patsy、甘國亮。

多謝一問即答應替我寫序的好朋友 Winnie Tsang、文念中、莊梅岩和賈勝楓。

最後多謝電影教我的所有東西，包括非經典、小眾、不起眼電影，我都執到好嘢受用。大概沒人會知道這句對白的出處，“Love is messy. It's illogical, it's wasteful and it's messy. And it leaves these loose threads that go out all over the place”，參透了愛情。（猜到是哪套電影嗎？）

《400擊》和《狗臉的歲月》，教我成長的陣痛和悸動。

《Citizen Kane》是地表最強人生導師，用東征西討風雲一生作鬼故，教我不懂珍惜的代價叫後悔莫及，生命的目標不是物質野心成就權力名氣，是快樂。

小林正樹的《切腹》，挑戰日本的國家核心價值觀，首先原來可以如此挑機深刻反諷，其次是暴露建制的卑鄙和貧窮的荒寒，見血封喉。

《Before Sunrise / Sunset / Midnight》系列是愛情、散聚、婚姻的奏鳴曲。

丹麥電影《Silent Heart》用最深的溫柔和最寬容的文明，尊重人性和七情，思考安樂死的慈悲。

寇比力克，噢，寇比力克就是電影萬歲，影迷受用的萬佛朝宗。

Just to name a few。

最後，多謝電影和愛上電影的我自己，還有喜歡看我影評的每一位讀者，是你們讓我堅持就算電影言之無物，影評也要言之有物，是你們讓我虔誠地寫下去。

2024 年 12 月

畢明

01 情之深

02 人之初

03 性之驕

04 惡之華

05 訴之理

01 情之深

＊《親陌》*Close*, 2022

01 如何離婚而不失溫柔

✳

世上最遙遠的距離，是貌合神離。

再遠一點，其實還有一個陰濕的深淵，叫「拒絕承認」。跌了進去，保你萬劫不復。裏面你只餘兩個朋友，一個叫麻木，一個叫逃避。和他們玩，祝你蒼白地失去自己。

世上最磨人，是每天在貌合神離中麻木與逃避。假裝心跳呼吸正常，鋒利的歲月，可以將一個骨肉豐盈的人，削得瘦骨嶙峋，一個健康活潑的靈魂，淩遲得七零八落。

正如有一種餓，叫阿媽覺得你餓，有一種痛，叫若無其事劇痛。

《Marriage Story》（婚姻故事）教許多人驚嘆低迴的，是Charlie和Nicole一場終極開拖，面對眼前無限個百夜恩的人，夫妻唇槍毒舌互片對方至血肉模糊，二人出死力鬧交至崩潰跪哭，恨你至宇宙滅絕。這一幕，當然厲害，但我可以在這車禍現場生還。我可以。

無色無味無聲的痛，才真正見血封喉。那夜，Charlie的劇團演出過後，二人一起回家，導演Charlie還和女主角Nicole賽後檢討，他毫無知覺，她若無其事，對話由一句"Goodnight Charlie"作結。一轉身，她秒哭，無聲有淚。這種淚，足令方圓百里的植物都枯萎飄零那種，寒風刮起眼睫毛都結霜那種。短短一段由客廳走回房間上床哭的苦路，每一步，印下百年孤寂，深沉的。我會死在這種痛手上，連招架能力都沒有。

你用語言和我溝通，我卻用感情對你凝視。

關於愛情、婚姻、家庭、離婚，最摧心肝的，不是愛你到永遠，而「永遠」永遠比想像中長；不是認錯了人虛渡了光陰，回頭已是百年身；是修復不了的深層次矛盾。

賞味期限到站，緣盡放手，是普渡。認錯了人肯認錯，是放生，能回頭，總有岸。愛到分離仍是愛，但再相處都是傷害，才甘香鬆脆。

緣盡不貪，心死不痛，貌合神離還有愛，才是真正的地獄。是很多人的故事，很多離婚分手過來人才明白的承受。

停留是剎那，轉身是天涯。未必。有時在同一空間，同一屋簷下，已經你在天涯我在海角。在狹小得幽閉症發作的空間，咫尺天涯如瘟疫吃人，就像 Charlie 和 Nicole 一起乘地鐵回家，就像一家三口共睡一床的鴻溝 in your face。

片首，都是大家的可愛，彼此在對方眼中的優點，雙方都沒有忘記，又如何？矛盾修補不了也是枉然，停留是窒息，轉身是自由，Nicole 選擇保育自己，尤其當 Charlie 還對她不忠。（更暗示不忠得少已是很大的付出。）

然後一場接一場雙方離婚律師的大小肉搏撕殺，每次交鋒，牆上都留下子彈洞，和殘垣敗瓦，有時還有斑駁血漬。我想起英瑪褒曼的經典《Scenes from a Marriage》，那種只有夫妻之間才辨得到的殘忍、才熟悉的死穴、才驚人的出賣。其實是恐怖片。褒曼的課題是兩個人的溝通，他稱為“the agony of the couple”。

相愛不難，墮入愛河，一失足便可以了。相處不易，每天都是磨合和戰鬥。溝通最難，於是太多伴侶 grow apart，太少 grow together。

你有了解過對方嗎？還是用對方來成全了自己的存在？

有人想起離婚片王《克藍瑪對克藍瑪》，但本片不是說「家庭」作為社會單位的角色故障，不是「父」、「母」在家庭角色崗位如何重新定義，是個人抒情遠多於社會性。

《婚姻故事》是承認深層次矛盾的存在與無奈，解決不了終放下屠刀的死地後生。說到底，她仍然可以在風風火火的劍拔弩張中，不費吹灰為沒有主意的他點菜，那貼身熟練是一世的，就像條件反射的為前夫綁回鬆脫的鞋帶一樣。

愛上是一剎，忘記用一生。其實又何必要忘記？

那個在我們心靈地下道點了一把火的人，沒有一起進來，又或者走得不夠深便離場了。我們燈火欄柵處，才荒寒的發現自己的深層次孤獨和赤裸，然後需要再另找一個伴侶，如果有。

這才是片中 Charlie 獨唱的《Being Alive》：“Someone to hold me too close. Someone to hurt me too deep..... Somebody crowd me with love, Somebody force me to care..... Make me alive”

再簡潔緊湊、剪掉10至15分鐘，本片會更好看。最好用來點唱，“To all the boys and girls I have loved before”，因為懂得，所以慈悲。多謝對方曾經的滋養和殘忍，缺一不可。

並溫柔的送上 W.H. Auden 的詩《The More Loving One》：“How should we like it were stars to burn With a passion for us we could not return? If equal affection cannot be, Let the more loving one be me”。

02 英國百大、愛情電影經典十大之一

✳

英國演員 Julian Sands 被證實死亡，在獨自去行山失蹤了 5 個月之後，終於“Confirmed Dead After Human Remains Found”。

心底裏暗暗的沉了一下。有一陣陣觸動，久久不能排遣。我很喜歡他嗎？不算，但印象不知恁地太深刻。

是《翡冷翠之戀》、是他演的 George Emerson，是我的青春，是我的碧麗宮回憶腳印，踏在厚厚的戲院地毯上，軟軟的。還有 David Cronenberg 的《Naked Lunch》和《Boxing Helena》都是他，我已經在多倫多 downtown 的 Carlton 戲院一個人看的了。這間 art house 戲院，那些年的我。

原來他佔據了我一部分深刻的電影青春，難怪。

時為 1985 年，THE《翡冷翠之戀》，James Ivory 和他的英倫文學電影，大會指定碧麗宮上演，已是我的必看。還穿著校服的年紀，《Maurice》、《Howard Ends》，一部接一部的看，自覺在吸食一襲文藝高尚風華，E. M. Forster 原著改篇的，還是最早的《A Room with a View》作為芝麻開門，最令迷人入心。

被選為百大英國電影之一，時常在現代愛情經典十大，這氣質電影，看完仿似人也知性起來，是一種情感上的 intellectual。

英國一個 upper-middle-class 的少女 Lucy，到了意大利翡冷翠旅遊，在旅館認識了自由思想，不囿於英式拘謹禮節的英國旅客 Emerson 父子。因為房間的景觀問題，因為身處異地的景色醉人，因為驛動青春，暗來明往，他們之產生了曖昧的火花。

意大利佛羅倫斯的建築和格調作為背景、更是隱喻，英國少女從壓抑虛偽的英格蘭社會，解放到意大利感受到空氣中的自由浪漫激情。情感和思想受到前所未有的大衝擊，卻不敢細想，只單純地認為自己必須要和訂了婚，那勢利的上流賢達結婚。

即使一切證據顯示，她只會成為不解溫柔的他的收藏品，生活再無風景。

Julian Sands 是完美選角，真摯、溫文、英俊，眼神永遠動機純潔，連激情盪起不顧一切強吻女主角，都不帶一點 metoo（看得多這些愛情電影非常有害，情不自禁話錫就錫是古代的男士專利矣）。他那頭金髮，那份青澀，配上 18 歲的 Helena Bonham Carter，文藝味精緻如名畫中的秀氣，加上服裝、燈光、配樂、美術，令知性的依戀太深沉，抵受不住欲拒難休的牽繫嫵媚，如文學詩歌的一部電影，就這樣不朽了。

30 多年前的陣容：Helena Bonham Carter 和 Julian Sands 以外，還有 Daniel Day-Lewis 飾乞人憎自戀自高瞧不起人的上流紳士，再配一 pair 無敵助攻雙翼 Maggie Smith 和 Judi Dench，太強了！這電影能不好看？還未得到所有演技光環，未上神枱被供奉的 Daniel Day-Lewis，把英式勢利演得美味可口，既絕也微恰到好處，舉手投足都充滿冷冷的鍍金傲慢，偏偏因與世道人情脫節，而顯得笨拙離地。Daniel Day-Lewis 的才華和光芒，已是掩不住的錐之在囊了。

◎ 英國百大、愛情電影經典十大之一

諷刺英國的階級制度，揶揄因理智之名過度抑壓，因道德之名而違心虛偽，最後可以掙開覊絆隨心率性，在思考清楚感情，而非感情用事之後忠於自己，是知性而非欲望催動的愛情，是以浪漫美麗又高端。

沒想過這位小說中的完美情人，日後戲路縱橫，演了那麼多變態另類角色，好演員就是有不可測的幅度。Helena Bonham Carter 何嘗不是不甘做玉女，怪雞邪牌樣樣精通，聽他想當年，在美得不可勝收的罌粟花山坡上定情之吻，對於她最難是穿高跟鞋行山不拗柴和忍笑，身為 Julian Sands 老友的 John Malkovich 唔知點解在拍攝現場，仲織緊冷衫，離奇到點可以唔笑。

我的電影青春，我會永遠記得，那命運派來奪走少女的心之金髮男生，不是在旅館和她交換房間讓她擁有“a room with a view”，是在人生交換溫柔，讓她的生命有了“a room with a view”。

03 還是一個欺凌和偏見致命的社會

✳

《Close》是比利時的最佳外語片候選代表，香港片名《親陌》、台灣《親密》。

藝術電影況味，親民家常調子，art house 是 style，execution 是細膩人味。兩個男孩的親愛，有溫柔純稚，但過早歷人言可畏的滄桑。欺凌不見血，傷入臟腑。其中一場要命地精彩絕倫：男孩 Leo 的媽媽，特意上了校車接仔放學，他似知山雨欲來，卻不知回不去的雨水已在另一邊悲傷而決絕地下完了。媽媽的臉努力鎮靜，內心的洶湧抑壓成幽幽的一小團哀愁在眉頭，欲語還休。無告的眼神、荒寒的莫名，不觸也痛觸了更痛，該如何告訴兒子，他又如何面對平伏……歐洲戲劇系統淬鍊出來的演員，她演技那麼精細無痕，爆喊是很易很粗淺，單計這一幕她半分不輸《Tar》的 Cate Blanchett，你差不多可以聽到慢鏡播放的每一下心碎。這，叫潤物細無聲。

關於兩個男孩的親厚，本來是童話式親愛的好友，關係最後腐蝕至最摧心肝的悲劇地獄。導演 Lukas Dhont 繼前作《Girl》後，再次勘探人世間性別和性別角色的必然，femininity 與 masculinity 之間，踩界、越界和無界的可能性，當中如何充滿冒犯、禁忌、閒言，被圍攻被捨棄，連最純真堅固的友情，原本繁花璀璨的花海，被磨蝕至荒寒殘忍的棄城。

一開始，Leo 和 Remi 如膠似漆的享受着彼此的存在，親愛地一起長大，Remi 的媽媽也說 Leo 像他另一個兒子。像雙生兒分不開，像完成彼此的另一半，他們在花間奔跑，踏着單車追逐，不過是 13 歲無憂無慮無邪的小男生。

然後可畏的人言來了，同學因他們的「異常」親厚，問「你們是一對嗎？」一次、兩次，否定，也抗拒，Leo 介意了。Remi 沒太大反應，他是溫柔細膩內斂玩音樂「女性化」的那個。

Leo 加入了冰上曲棍球隊，很 man 很剛陽、很多盔甲，保衛自己拒人千里，Remi 被決絕地冷落疏遠了。孿生的親愛變成孤兒，敏感的他很不快樂，連他父母都察覺到家裏房裏冰冷了、另一個兒子的溫度和笑聲消失了。

Remi 原諒過他，惱過之後主動和好，但還是被世俗的無形壓力迫害着。Leo不要他，曾經的另一半遺棄他、拒絕他、推開他。他接受不到。眼淚和打架無效，終選擇了最肝腸寸斷的絕路。

導演最細膩的舖陳，尤其在 Remi 死後，表現 Leo 親哥哥與他的關愛和親厚。也是摟住他安慰，抱着一起睡，在草原和花間追逐打鬧，跟 Remi 是一樣的，並置對照，這就是同性戀嗎？不是兄弟不能情同手足，就算親厚到有情愫，又干卿底事與君何干？

Leo 當然痛，痛還有 Remi 的父母，他們更無法明白，為何忽然冇咗個仔的父母特別可憐，自己忽略了什麼嗎。沒竭斯底理，安靜流淚，反而痛傷入肺腑骨髓。

傷害、欺凌、壓力，有時無色無味，致命殺傷卻慢性不見血。我們的社會，為什麼仍那麼狹隘，那麼怕女性化的男生，否定男性化的女生，還是只准兩種形號的性別，兩種典型的關係嗎？

口裏說不，欺凌天天如是。余迪偉說，你不知誰受得了幾多的。我們要麼改變慣性或至「無心」的價值觀及定義迫害，要麼從小開始為孩子做一切對抗有毒人言和迫害的裝備。

04 《色．戒》是李安的人，不是張愛玲的鬼

＊

「根本你以為婚姻就是長期的賣淫。」

形容的雖然是《傾城之戀》的白流蘇，但寫得出這樣一句的是張愛玲，她的愛情觀不會是粉紅色的甜，泰半是硬灰色的酸帶苦。這可以令「就是最華麗的人，也會感到威脅，看出自己的寒傖。同時承受燦爛奪目的喧嘩及極度孤寂……」的張愛玲，並不多情。胡蘭成眼中的「她從不悲天憫人，不同情誰，非常自私……臨事心狠手辣，對好人好東西非常苛刻」，她的愛一點也不童話浪漫，深刻但尖刻得無情。從來。她人、她的筆她的角色，太精刮。

如今李安的《色．戒》，原著寫明是「老奸巨猾」兼「無毒不丈夫」的漢奸易先生，竟然一再淚眼迷濛地多情，變成「嬶死女」的梁朝偉，一派只是當時已惘然的氣質，就知道李安只是

從張愛玲手中取了種籽，自顧自地栽種他要種的精緻情花，卻可不是張愛玲的品種。“Lust” Caution 在李安手上，完全變成“Love” Caution，色欲蒸餾成情愛，電影是李安的人，不全是張愛玲的鬼。但未至於過份辜負 Eileen 張而已。

李安如史匹堡，電影語言流利非常，深知如何擊中看官的各個情感穴度，酸、麻、脹、痺、痛，手到拿來。今次，李安的床戲，就如史匹堡的特技，是大白鯊是侏儸紀，勾引大家走進黑漆漆的戲院獵奇。《色．戒》的劇本，可以做教科書範本。兩場打麻雀戲相互對比反差，看誰前後不一，有心無意留下蛛絲馬跡，給戲中人及席上看官去拾，又繼《飲食男女》呈現中國人飯枱政治的微妙與崎嶇，再玩味我國雀枱政治的凶險與春光。加一場原著沒有的殺人戲，叫王佳芝的同學們合力殺了小漢奸，每人都插上一刀，每人的手都沾了血，是純真消逝的宣判，不歸路的鐵定。

三場床戲，都必要，遞進的恨、情、愛，把不能宣之於口的一切，用身體語言撕喊得聲嘶力竭筋疲力殆。第一次的性，易先生不寬衣只解帶除褲，先鞭打再粗暴地性虐地發洩式佔有她，有慾無情。這種性經驗，令純情學生王佳芝，對老易對自己對刺殺任務，更多了恨。第二場性，二人都脫光比較平等，但飾演情婦的已不甘乖乖做被動的時代祭品，反客為主蠢蠢欲動，對這嚴格來說是生命中第一／唯一的男人，她的恨更加複雜，假戲真做起來收不起不應放的愛混進體溫和汗水，難道如書中說「到女人心裏的路通過陰道」？她更恨他。第三次性，二人簡直在不要命地肉搏，祭品要獵人陪葬，把去留肝膽的悲慟，化成同歸於盡的激情，兩個穿假面度日的人，把全世界都關在房外，轟烈的、沒有明天的翻雲覆雨。連老易也脫下戒備幹她個落花流水，狠到要在床上死去，兩個假人，在床上感覺自己活著。痛苦地極樂。

三次造愛，都無言，不許想不能講，一味幹，到幾近崩潰。因為雙腳在床邊一著地，二人又得穿起色相，無事人一樣無色無臭地過活。之前的死去活來，鎖在心。

李安素來精於收收埋埋的感情。家人之間的，戀人之間的，忍到滴血肝腸寸斷。《臥虎藏龍》李慕白與俞秀蓮，情在心中誤了大半生至死才表白；家人之間，兩父子（《推手》）、兩個牛仔（《斷背山》），一家人（《飲食男女》、《冰風暴》）死忍爛忍，情感卡在喉嚨慘過中七傷拳。李安至愛。

在易與王的床上，情愛的繾纏，勝過時代的惆悵。人在被佔有之時反佔有了對方，在叛變中找到忠誠。

05 危險的母愛

✳

講時講，唔好搬老母出嚟擋。

網上 trending 的用語很多，像「不要玩食物」，是不是權威，是不是人人遵守，不是。卻代表一種 understood 的反諷，和盜亦有道。是一種態度，或者底線，不是很多人有。

有些人特別喜歡消費自己的家人、和私隱，因為他們需要新聞，事業又乏善可陳。

有些人特別喜歡用比喻，不倫的、廉價的、陳腔的、亂七八糟的、似是而非的。

家庭紛爭茲事體大，難唸的經家家有本，門埋門打仔，外人少管閒事，仍然有人認為是對的。

此處先不談媽，卻講毒。不談自己和阿媽鬧交，師奶作為炸兩的外援價值和合理性，卻講一種叫「家和萬事興」的毒。不是病毒，都是語癌。

毒，有很多種，有一種，會裝扮成母愛。誰說家一定可以和，親生阿媽必然是對的。幸福都不是必然，老母怎可能必然對。世上多的是不負責任的阿媽，和狠毒腐爛的老母。

今時今日，如有疑問，請問google神，或者Netflix都得。讀者少，唔識嘢，智商窄，質地差，多睇增廣見聞。譬如《Mother》（母子逆緣），改篇自震驚整個日本社會的真人真事：「川口高齡夫婦殺害事件」，讓你知道母愛可以有害。

埼玉縣一個安靜家常的小公寓，警方到場時，發現一對73和77歲的老夫婦，身中多刀陳屍多天，遭刺殺慘死，兇手竟是死者17歲的親外孫！死者的親女兒，教唆兼強迫自己兒子，去外公外婆家借錢行兇，要他帶着劫殺的歹毒和決心去：「就算把他們殺掉，也要借到錢！」包你睇到反胃反眼想粉碎屏幕。

世上有這些親生母親。

一個懶惰、爛泥、淫穢、貪婪、冇人性的親生阿媽，不克盡母職，不上班，整天賒借渡日，或利用幼子去博同情，熟練地偷搶騙；見男人就跟，去喝去玩，掉下幼子一個人自生自滅獨留家中斷糧斷電。兒子是這樣長大的。

後來還多了個便宜妹妹。外祖父母錢借得多了，太多年了，知道女兒死性不會改，血不可能無止的放，免縱容她有恃無恐永不悔改，親生都要割席。

爛母親繼續爛，孩子蓬頭垢面跟着她在瞓街、饑寒、赤貧、家暴的非人生活中長大，後父打他又打他媽、欠債又遺棄他們。他一無所有，只有母親，她不讓他上學，像隻邋遢的小野獸，但他跌倒擦傷了，母親會為他舔傷口，於是他最怕被母親遺棄。

兒子不邪惡，卻沒有清晰腦袋，長期被母親的要錢洗腦教育荼毒。由於不想媽媽不高興，他搶錢、殺親人。這樣只認錢的魔鬼老母，如有任何師奶九嬸八婆出手，說三道四幫稚子逃離，應拿諾貝爾最佳外部勢力獎，合該勾結，而非跟親母和好。

可惜兒子選擇了親母，冷血地殺了外祖父母。被判罪後他問：「難道愛媽媽是錯嗎？」

難聽過粗口。冷血、扭曲、病態、異端的愛，災難而悲劇，害人害物，這種把血源先天關係，當邪教一般高舉信奉，是最可怕的精神病。阿媽該不該愛，有事要不要和好，還看老母是什麼人。

《后翼棄兵》之強，是開宗明義棄掉血親，沒有如何愛惜和養育自己的親人，還要和自己攪炒，主角 Beth 用孤兒的生命力把她 put behind，跨過克服，棄我去者，功德無量，才是進步健康而有良知的價值觀。

可惜《Mother》的兒子從小已訓練出本能和因果，知道能帶錢回家，媽媽就會愛他。「我不想犯罪，但這是我唯一能做的事」。

「為信念所傷，他來自八月那危險的母愛被一面鏡子奪去他側身於犀牛於政治之間像裂縫隔開時代哦同謀者，我此刻只是一個普通的遊客在博物館大廳的棋盤上和別人交叉走動……我突然感到那琴絃的疼痛你調音，為我奏一曲在眾獸湧入歷史之前」，是北島的詩——《一幅肖像》。

斷絕關係是必須，非 recommended，但母愛如果有毒，要排毒。

如果你不敢排、沒能力排，可能因為你窩囊、你貪一些卑微的好處，更明顯是你沒有你以為的獨特，沒有你販賣的個性和磊落。你普通、平凡、俗。一街都係。

危險的母愛，還須醜惡的孝順。

06 有那麼好看嗎？

✳

網絡的 hype 對我早已沒有作用，受騙太多次，人就會認出網騙。但《從前的我們》已經超越「網絡發燒」，而是世界性大流行了。到今日，有地位的歐美媒體橫掃地都對影片給予高度肯定。A24 Films 創造口碑和佳作的能力，又一次得到認證，“it has been compared to the movies of Richard Linklater, Noah Baumbach and Greta Gerwig”，這絕對是 something。

簡直有年度盛事的姿態。

現實令人失望，人才會覬覦沒有發生的「如果」。

沒有發生的愛情，錯過動用的勇氣，放棄爭取的機會，一切機緣，你沒有捕捉，怯於行動，時機一過，往事就剩下 what if。

《Before Sunrise》系列第一集，沒有想過自己會有第二、第三集，那些年，青春純情的 Jesse 及 Celine，隨機在維也納遇上了，隨機率性地談人生、世界和愛情。

Jesse和Celine說到"You start to blame your husband. You start to think about all those guys you've met in your life and what might have happened if you'd picked up with one of them, right? Well, I'm one of those guys. That's me y'know, so think of this as time travel, from then, to now, to find out what you're missing out on"。

《從前的我們》，就是關於沒有發生的如果，忽然之間在網絡間又被捧成天下無敵好看電影一樣，當然「網絡和社交媒體你都好信？」只有一個朋友表示「套戲係嬲住離場」。

很多朋友問，有那麼好看嗎？

片中的 Nora 和海星，每 12 年又 12 年，才分離復相見，未嘗不像《Before Sunrise》系列的 9 年又 9 年。但結構佈局相似，水準深意和歎息，不可同日而語。

12 歲時青梅竹馬，分離對主角女生頗見容易。沒太多依戀和思念可言。12 年後網絡上相應重遇，是在人海中找過彼此，但有幾愛？只是一個偶然蟻咬的 what if 吧？夠思念徹骨，一張機票，飛咗見咗止咗思念之苦先啦。

長相思，摧心肝。如果摧足 12 年，個心都唔爛，都不需要相見，其實愛極有限。現代人有，一張機票，有幾難？ Jesse 和 Celine，沒有彼此的聯絡，在沒有社交媒體的年代失聯，是無奈。

Nora 和海星的人生最終沒有對方，沒有天意弄人，不是陰差陽錯，是彼此的選擇，大家都放手，從不越線牽手。充滿計算、軟弱和窩囊的選擇。有幾愛？

「我以為人在戀愛的時候是比在戰爭或革命的時候更素樸也更放肆的。」——張愛玲。

原來唔係。

這兩位的曖昧（你覺得稱得上愛情嗎拜托），停留在有感覺不升級的階段，無限 FF 在頂峰。曖昧得那麼理智、自保，比起戀愛中留一手、一隻腳還在門外的人，還要保持安全距離，於我是太無愛呻吟了。對不起，既不盪氣也不迴腸，無人風露立中霄，只聽見精密的小算盤啪啪作響，因為非常實際的考量，放棄追求心中感覺，對方是自己的棄權，遠多於思念，愛得深的話，不可能麼清醒，請問我要如何為你們肉緊和惋惜？

寫《Before Sunset》我提到，亞里士多德說過「人世間最大的悲哀是：what if 和 never more」，Jesse 和 Celine，揪心地不認不認最後還須愛，勇於拾起錯過了的 What if，讓 never 變成 more，是以動人。

從前和現在的這兩位我們，12 年又 12 年，情感停留在「持形保態」，You Don't Jump、I don't Jump，感動不了我。或者適合擁有同牌子計算機及怯懦的人吧。

愛情不是 Window shopping，看見櫥窗精美不行動，要試身要了解要相處要努力的，要令對方變成自己身邊的，過後幻想猛 J 無用。

07 謊言是安全套

✳

誠實是很昂貴的禮物，別期望可以從廉價的人身上獲得。

誠實，是最高度的親密，是很鋒利的相處，除非大家都沒有秘密、沒有瞞騙，否則當亮出赤裸的誠實，必刀刀攞命，招招錐心，見血封喉。未曾以暗黑私秘去開封，用不忠誠去打磨，刀刃就是鈍的，平平實實，相處可以無縫親密。

佛洛伊德說“Being entirely honest with oneself is a good exercise”，我們卻差不多從懂性開始，便不停學習相反的事，不斷練習說謊，慢慢喪失了誠實的能力。不但對別人不能誠實，慢慢，對自己也不能坦誠，自欺欺人。《傾城之戀》的范柳原對白流蘇說「有些話要背着人說，還要背着自己說」。

是《完美謊情》的前設，完全給我驚喜的世代現形記，尤其當我們多了一部劃時代幫凶、一部「秘密與謊言神器」叫：手機。

一個家庭、一段關係、一個人，身懷多少秘密與謊言。拿測謊機給自己一驗，心知肚明，藏污納垢，你瞞騙過伴侶親友和子女幾多？黑白謊言都是假的，被迫的，有意的，過去了的，現在式的，埋在心中，見光死。當年英國名導 Mike Leigh 就是憑揭露一個尋常百姓家的《Secrets and Lies》，打開了潘朵拉的蟻竇，為他贏得了英國奧斯卡的最佳電影及康城的金棕櫚大獎。別以為豬肉佬屋企就沒有屬於他的家春秋，三國演義，狄更斯式身世，史詩式愛恨迴腸，人性和生命的差錯，從來是 A 級多汁的劇情片（Drama）材料。

《完美謊情》卻是「Dramedy」（喜劇情片），不嚴肅的剖開最親密的人之間的關係如何脆弱可悲，卻把喜劇釀在戲劇裏，叫你笑着滴汗，冷的汗，心一涼，看手機如何蠶食現代人與人的關係。夫妻父母子女情人朋友，隔了一部手機，表面相安無事，實質仿如隔世，一旦翻出手機內不能說的秘密，假面破裂，地動天旋，世界崩潰。

某程度一夜飯局是一場別開生面的 truth or dare，你敢把一頓飯之內收到的短訊赤裸公告，來電都廣播公開嗎？反正同枱都是多年的深交摯友，枕邊愛人，事無不可對人言，誰不敢玩，誰身有 shxt。心虛的人、天真的人、心存僥倖的人，不知危險經已在前面，多個地雷要爆了。

爆炸場面就燦爛了：如何教女，對老婆用一套，對着乖女鬆出另一套，個女在與阿爸的通話大講阿媽是非，明明以為在阿媽背後說的悄悄話，變成在成村人面前說的真壞話，句句穿心。原來不過屬於輕度尷尬、純粹是夜頭盤。陸續有來是情侶之間的偷情淫照短訊，欺瞞老友的性向真相，事業掙扎的虛偽荒涼，背着男友送你老母入老人院的陰謀擺佈……總之，大龍鳳一餐飯湊巧圍骰全開，唔講得的通通爆洩，得知被蒙在鼓裏的，失儀失態失常性，震撼發現晚晚睡身邊的人每天餵了自己生吞多少個謊言，觸目驚心，心膽俱裂，欲嘔腸斷。

誰有那種光明磊落，可以把家中難唸的經貼大字報遊街示眾？王爾德說少少真誠已經危險，大量的話注定奪命。

本片經濟、實時、困獸鬥、像舞台劇，一個時空一鑊熟，關係地雷越爆越狠，炸得粉碎的信任和忠誠血肉模糊，犧牲了片中人自尊和情感，令我們反思世代關係的虛弱虛假，欺瞞背叛的輕易密集附拾皆是。公開的奸情、暗黑的私心，要多醜陋有多醜陋，真？你受得起嗎？記不起誰說過“It is discouraging how many people are shocked by honesty and how few by deceit”，真洩氣。不是人人可以承受赤裸，皮肉之下太多偷偷摸摸，經過手機暗藏春色。

最了解你一生的是手機，已不是良朋，不是伴侶。以前我們有秘密不是和摯友分享的嗎？現在手機最能分享你的秘密。美國總統謝佛遜說智慧之書第一章叫做誠實，他不知世人的誠實有分程度：全實、半實、虛則實。友情的忠誠被謊話取代了，一個假話，長十萬八千里，親人，離太遠。喜劇笑料越荒謬，越照明了我們的可怕。其身不正，又不停在審判別人。為什麼好友不可以在親如家人的眾友面前出櫃，原來有人這樣歧視同性戀，暴力到一個可怕點。這特技片，把人性剝了光豬。

騙過自己騙過人的，不論一時或者一世，歡迎入場抹一把冷汗，倒抽一口涼氣。

離場時我想，謊言是安全套，替秘密和欺騙避孕，以免生出一個災難獻世，但真正的親厚，不必偽安全套，人與人，或許需要點點保留，微微空間，如果彼此沒法消化真面。《完美謊情》大概有種 zeitgeist（時代精神），戳破了科技時代面貌中潺弱的人情基礎。誠實，要很多勇氣，或者，承受不起。誠實的力量，不是人人處理得來頂得住。

我卻寧願自己在身邊人面前是透明的，大家可以成為對方的樹洞，而不是卡一個手機在大家中間，成為黑盒、或者黑洞。

點給大家 Billy joel 的一首 Honesty，“Honesty is such a lonely word. Everyone is so untrue. Honesty is hardly ever heard. And mostly what I need from you”。

08 每個孩子的春天

✳

每一次寄養，天美姨姨大概成了每個孩子的春天。

如果說「流水落花」是形容春天將盡的殘象，她這個生命總會凋謝的「落紅不是無情物」，真的化作春泥，護蔭了每一朵送到她手上的幼花。

早陣了按看過的港產片，我輕輕寫了一個 list，排出了我的名次，《流水落花》我覺得最好看。

過去一年，人在台、法、英、加，看過的港產片不很多，《流水落花》也有它明顯的不足，但整體上是我覺得最好的。作為新導演，賈勝楓交出這樣的功課已不錯。

他大概也喜歡是枝裕和，或者日系電影的簡淨氣氛，只是他的「沒血緣家庭」之既親又疏，實無法達到《小偷家族》的相濡以沫；有互相救贖取暖，但家庭基因裡面沒那種 desperate。寄養家從一開始便知道是暫時的，「小偷家」卻卑微地 hope against hope 成為彼此的永久。

製作上，資深優秀電影幕後班底的功力、支援、眼光、處理，完全發揮作用。張叔平的剪接、杜篤之的 sound design，令作品的調子先對了，mood & tone 舒服而切題。

這一點說易不易，難在香港導演或任何新導演，由於新嫩不知自己想要什麼，不懂判斷什麼是好、或判斷全錯，就算有高手協助，仍亂追求 chok 戲劇、chok 金句、chok 情緒、chok 畫面，不是味精失調，就流於粗淺，亦眼高手低。要知道眼高手低，比平實仲要核突。只有材料不濟有雪味膠味，或沒信心的廚師，才會沒方寸地用重口味和花俏去掩飾心虛。賈勝楓卻知道克制，敢清淡、平實、沒刻意消費基層，手法獵奇。

幕後有高手，幕前也有好演員。陸駿光演平凡善良老公，但不缺人性軟弱及寂寞，太平凡自然無法力敵寂寞，就會背叛出軌，變成壞咗的人。久經戰陣的陸駿光演得很好，親切普通得來有種光明，對照天美姨姨的陰愁暗傷，可惜無太多戲可演。

是劇本所限，他的角色是平面的，肌理少、掙扎少、連重新做人，也像張愛玲的佟振保一樣，東窗事發衰咗之後，睡醒就變了好人，得咗。

Sammi 在本片，當然是 MVP 了。天美姨姨由頭帶到落尾，喪子的內傷永不復原，不肯復原，她頭頂永遠有片烏雲，心底長埋恨怨，對老公對世界亦如是。唯有對住寄養小孩們，透過再次活出媽媽的身份，她可以把母愛復活、自己重生。

Sammi 演起來很無印生活化，我特別喜歡那陣淡淡的孤獨。素顏不是演技，八字腳太過表面，如果陸駿光在他們的夫妻關係是寂寞，她是孤獨。

寂寞會找人解悶，孤獨自絕於天地。天美姨姨拒絕所有人包括老公除了孩子，但孩子非兒子，始終孤獨。老公想 Move on，不願放下亡兒的她更孤獨，每個人 move on 的步調始終不同。她獨，於是不把老公當寄養家的爸 / 老公，更像管家，她的妻子角色在兒子死掉那天，跟媽媽角色一同死掉了。我私自覺得這份「獨」是 Sammi 自己自自然然揉進角色，非導演要求的。如是她已進化成更出色的演員，超越了杜琪峰的鄭秀文，已是劇本最需要的女主角。

歌星當演員，尤其女歌手，彷似要雙倍努力和成績也不被認同，否定她們很慣性又容易。Sammi 是我今年的影后，她值得。但再次，也是劇本所限，縱然面對不同孩子，天美姨姨可交出不同的情緒，這也不是令 Sammi 要出十成功力之作。

孩子們演出自然而不老積，香港罕見，盛讚！但寄養兒童的「款式」、背景種類、年齡，計算得似工具多過成為深刻的人物，也可能孩子太多，有些水過鴨背，不如寫少一兩個，篇幅用來令其他角色深度多一點，彬叔叔（陸駿光）也層次多一點。

電影最根本、香港電影最難，還是劇本。製作上，美術、攝影、音樂 Sound design、剪接上，高手肯幫導演肯聽都不難幫，劇本最難。

剛圓滿結束的 SAG awards（美國演員公會獎），很多注意力都落在楊紫瓊贏得最佳女主角，或老牌演員 94 歲的吳漢章講廣東話及華人演員辛酸史，但我最在意的，還有獲得終身成就獎的 Sally Field 的得獎致詞，她高舉難得的優秀劇本，她感謝上帝讓她得到過。

"The screenplay was so good that my hands shook the first time I read them. Projects with such deep and complicated characters that the process of understanding them, of owning them, somewhere inside changed me. They opened and reviewed parts of myself I would not have known otherwise"。

香港有好演員，但這樣的劇本太少。

09 愛情太短，忘記太長

✳

「行將就木之人分為兩類，有人憶起自己曾經被愛過，有人憶起自己曾經愛過」，節錄自辻仁成小說《再見，總有一天》中的一首詩。曾獲日本文學芥川獎的辻仁成，1999 年以紀念祖父之名寫成《白佛》一書，榮獲著名法國文學費米娜獎（Prix Fémina），說《再見，總有一天》是獻給所有為愛而生的人。

你呢，臨終時，你想記起愛你的，還是你愛的？

小說被拍成電影，就是中山美穗的《別了誘情人》。最愛是誰的故事：「別了她，原為了你⋯⋯誰料伴你的心今已碎，卻有她在夢裏」。

一個大好年青有為日本男人，有一個所有條件也是對的未婚妻，卻遇上一個甚麼都是錯的離婚女子，在異地，一愛不可收拾。1975 年的「好青年」東垣內豐，說穿了還是開張愛玲那佟振保的命盤，聖潔的妻子和熱烈的情婦之間，白玫瑰與紅玫瑰面前，衣服上的一粒飯粘子，總技術性擊倒牆上的一抹蚊子血，娶白棄紅，好男人老規矩。忠於理智，背叛感情，忠於約定俗成，出賣愛情。壯悲地向愛情說不，紅玫瑰作祭品，重新確立好男子的氣慨，以為嚴肅輝煌，其實窩囊。

「我想要你否則我會一世後悔！」

沓子赤燙的示愛、向內豐送上赤燙的身軀，挑逗和情欲混和汗氣與呼吸，在曼谷炎夏的熱浪中迫過來。這女人與佟振保的嬌蕊一樣，一技之長是玩弄男人，眉梢眼角和骨子裏揮灑着嬈媚，隨處放·也蘯，勾起的色心和貪戀都是她的戰利，彌補她那罪大惡極地富有的丈夫，為更年青的女子放棄她所受的自尊傷害，所向披靡地宣示自己的吸引力。她清楚自己的美麗和性感，對男人釋放着謎一樣的優越神情帶着嘲弄，她，有這個條件：艷、野、熱、富有之外，額外還幽幽挑釁男人的征服慾。沓子在內豐靈魂的地下道點了一把火，而那裏早潛伏了不少易燃物……

對「好男人示範單位」來說，沓子是野味，不倫很惹味，在規行矩步乾淨企理的生命中，犯罪感是黑椒。擁着沓子，二人關在曼谷文華東方酒店的作家套房，日夜愛得沒有明天。剛巧是「毛姆套房」，或許正被《人性枷鎖》套住，萬劫不服。

在宿命的潮騷和人力的局限裏，在不對的時間遇上對的人，是有的。但完美模範男懂得在錯到底之前準時又小心地離開，回到徇眾要求的白壁生活，當自己被女山賊掠劫過肉體和感情算了，這回是壞女人上了當。選擇了事業前途家庭，白玫瑰人生註定口淡淡，25 年來，終止了關係，遏止不了思念。閉起雙眼最掛念誰，眼睛張開身邊竟是誰？

騙人騙己騙妻兒半生過去，事業非常有成，發現自己非常不再是當年敢追夢的人，夢正貼貼服服鑲在社會認可的完美框框內。能被鑲着的，還是夢嗎？被鑲着的還有自己。

後悔了，湧一口苦澀，想起當年，酒是甜的，舞是慢的，渴望玫瑰，等待體溫，愛情那麼短，忘記那麼長。追，不回了。

如果一定要揀，你想做他 / 她身邊那個，還是心中那個？

我貪心，希望記得相愛過。

10 七孔流不見的血

✳

我未出世，你已經憎我，你根本不想要我，你叫我情何以堪，我的媽媽。

世上最殘忍的距離，是身邊一個不愛你的媽媽。你全身都是抗拒、不願甚至有些鄙夷，像發亮的尖刺長期在提醒我們，我在你生命中是極其多餘煩厭的障礙。離開我你就自由你就快樂、你就綻放好看得像孔雀開屏的神采亮光。你越好看我越難受。恨就恨血脈相連，有種原始的感應相通，一般媽媽的心跳聲是：噗噗，噗噗，或者，BB，BB 的；你的心跳卻是：不要，不要，我感覺到！我強烈的感覺到你強烈的不要我。我還是個胚胎，我不明白，不理解，但我無退路無餘地已感覺被唾棄，在你腹中，我早已是個荒廢了的棄嬰。十多年來，我是個母愛缺氧呼吸困難的孤兒。

婚姻事業家庭，我都要毀了你，我要報復，報復你不愛我，報復妳虛偽地在我身邊扮演母親，而妳演得那麼爛，我厭惡這虛偽。可惜我感覺得到。你不能怪我，要怪就怪你也沒好好掩藏你對我的厭憎。我不理解，理性上你給我照料，感性上你希望我沒有出生，我不會讓你好過。你不愛我，就恨我吧！讓我們互相毀掉對方的一生。

如果《我兒子是惡魔》的 16 歲 Kevin 要寫信給母親 Eva 告白，大概就如上。電影改篇自同名暢銷小說，原作是一封封 Eva 寫給前夫的信，慢慢把一個十級恐怖的家庭悲劇像殷紅的血般吐出。影片也像吐血，Eva 內傷得殘破不全痛不欲生，被親兒的七傷拳由零歲打到 16 歲，BBC films 這出品好看得劇烈地難看，難看是看得辛苦，苦一對母子角力相殘得不見血已封喉，不觸也痛觸了更痛，你在黑暗的座位上很痛。他一出世就不合作，哭得呼天搶地，六歲仍要用尿片，近乎猙獰地特意給母親賴屎添煩，在父親面前他一派稚子無知天真，在媽媽面前他義無反顧地：你不愛我，我就同你玩嘢。Eva 像誕下了魔鬼怪嬰。故事如夢魘穿梭過去現在，已經無法正常生活的 Eva 像被世界驅逐了的悲傷行屍，由 Kevin 出生到 16 歲，葬送了 Eva 一生。她罪有應得嗎？她有罪也無辜，其實她很努力，但永遠徒勞。是 Kevin 的錯嗎？他邪惡得可憐。片中不停洗手的 Eva 洗得掉被街坊淋的紅油，卻擦不去罪疚的滿手鮮血，她愛兒子多一點，他會不那麼扭曲嗎？這希臘悲劇反戀母情結滲滿恨母劇毒，兒子完全是“Machiavellian miscreant”，偏偏值得無限同情。他多想她愛自己。導演把黑暗到絕的故事拍得劇味迫人，Tilda Swinton 演的母親奧斯卡連提名都無是六月飛霜錯錯錯！拿影后她都當之無愧，那種靜靜地七孔流不見的血之深，她放工後應該要心理輔導療養排毒。

本片專餵電影蟲，連配樂都那麼一流，當年輕快草率做父母，音樂輕狂百無禁忌，如今伴 Kevin 成魔是一首 nobody's child，悲哀蝕骨。影片剪掉了這段，Eva 探監時 Kevin 告訴她：「為什麼我殺掉老師、同學、爸爸、妹妹，而不幹掉你。因為我需要你做觀眾。」

02

人之初

＊《日麗》*Aftersun*, 2022

01 她想把爸爸砌好

✳

《日麗》，並不風和日麗。

儘管有假期、陽光、微風、海灘，空氣還是重的，瀰漫著鬱鬱的氣味。吸一口，就會 r 呼出惆悵，望一眼，看不出心中千千結。

有些電影是明明白白的，有清晰的情節、脈絡、故事，但本片盡是碎碎念。是朦朧不清的，是褪色發白的記憶，混合成了一團感覺。像有些歌、有些歌聲，不一定說故事，唱着唱着，你就泛起感覺，無論你喜不喜歡，王菲就是如此，幽幽的揉出你一陣陣感覺。

《日麗》是關於感覺，那「徘徊在似苦又甜之間」、「猶疑在似即若離之間」的感覺，基於一份深沉的不明白，靠零碎的感覺去尋找故事，希望摸索出一個更完整的父親。

在康城影展引起注目，在大量影展、頒獎禮一路贏盡口碑、提名、獎項，名氣雪球滾得甚大，主要是獨立電影、新導演獎等等，但那掩不住的濃濃 art house film 和文青味，確實是非常電影節的恩物。亞洲影迷風聞一切關於其影展魅力，早就未上映先興奮，然而因為名氣效應，似乎對部分觀眾成了反高潮，尤其不少資深影評人更非常不以為然，有的指其為本年最過譽電影。

是嗎？

過譽不一定代表難看，但一定對某些人不符預期。個人認為落差在於口味，而非品味，也多少因為年紀。

作為 coming of age 電影，導演（自己）連手法也是非常青春、甚至是青澀的。這不是必要的。像 Gus Van Sant，他不時拍年輕人的叛逆和故事，自己和手法都非常成熟。Charlotte Wells 今次這樣做是一個選擇。

看似漫不經心，一切都有設計。譬如片中爸爸，那隻打了石膏的手，早說明了他是個受傷的男人，充滿破碎。「石膏手男人」，由在經典名作《The Hustler》中的保羅紐曼，再被王家衛借用到《春光乍洩》，都具體帶出了角色的無助和需要被照顧，再無腳的鳥仔，再不羈的風如上述兩片的主角，都得稍作停留，暫時讓人進入自己的世界。

《日麗》的 Calum 卻是單手石膏男，非浪子，是爸爸，明明生活因單手充滿故障，連為自己燃點香煙都有困難，但有個女兒，便仍要做個照顧者的角色。Calum 就是這樣充滿矛盾，根本是他要被照顧。根本，這是套「雙 coming of age」電影，不止是 Sophie 的成長，太年輕當上爸爸的 Calum 也未長大。所以這是貨真價實的青春電影，兩父女的親蜜親愛，像兄妹、像大孩子與小孩子一起放假。

是女兒的感覺 VS 爸爸的狀況。他的人生正不如意，他正在下沉、在掙扎，無論事業、感情、經濟，他的童年都是不開心的。Sophie 知道他並不快樂，孩子是敏感的，但他不想她知道、不想被她拍下，他希望給她的印象和回憶，盡量是快樂的。他希望做大人，讓 Sophie 可以做小孩。於是孩子嗅到了秘而不宣的憂鬱、埋在心口的隱衷，私密的父女情，出現了紅海般的距離，在狹小的酒店房間，細小的床，人很貼近，他和他的背景，多樣遙遠。只有剪影，沒有內容。

Calum 不開心，她知道，什麼不開心，不知道，“I Think It's Nice That We Share The Same Sky”，一起躺着時她這麼說，一個父母離了婚、跟媽媽住的孩子，爸爸常不在身邊，在生命中缺席，她唯有望向天，去感覺分享着同一個天空的共處。有種卑微、有種詩意，有點像范柳原問白流蘇，在窗外的同一個月亮下，你會否想起我。

她沒有整個爸爸，只有爸爸的碎片，而爸爸本身也是碎的。“I can't see myself at 40, to be honest. Surprised I made it to 30”，他的人生有那麼難、這麼爛，捱過 30 歲已驚喜了自己。他看的書是太極、冥想乜乜乜，富翁才不需要讀什麼致富秘笈。

《日麗》有點慢熱，你要有耐性去進入、肯投入兩位的青春憂鬱，否則容易因為碎碎念而厭悶。但思緒與回溯，本來就是有一搭沒一搭的。它容許 Sophie 世故，同時不失童真。她可以和結識到青少年玩得開心，可以開始對愛情模糊地好奇，同時被爸爸的傷感蠶食。

成年的 Sophie 心口有一個洞叫爸爸，空虛的，尋找其實是彌補，回溯就是重建，所有和父母有距離感，有失去過、有不足的年輕人，尤其可以瞓身投入，那對父母無以名狀不完整理解。因為不完整，資料不存，唯有用三種材料：回憶（可以偏頗）、home video（真實、零碎、低解像），想像（推理＋ FF）去為自己編織出一個輪廓較為清晰的爸爸。

不知道爸爸是個什麼人，太傷人，這根本是一個療程。治療自己，治癒爸爸，她想把這砌好。

一個人生不再風和日麗的爸爸，最觸動我當然是："There's This Feeling, Once You Leave Where You Grew Up, That You Don't Totally Belong There Again"。

02 2021年最看漏眼好電影

✳

阿媽問個女：「如果我係盲嘅，你會唔會要去畫畫!?」（咄咄逼人 mode）

Ruby只是個中學生，喜歡唱歌，也有天份，想追求歌唱的理想。問題是，她一家四口，有爸媽和哥，除了自己，全部都是聾的。

如果要選一部去年的走漏眼好電影，我會選《CODA》，這也是我，和很多歐美具地位影評人的2021十大電影之選。

改篇自法國電影《La Famille Bélier》，《CODA》在美國Sundance電影節世界首映時，已獲得空前成功，觀眾大愛，問題是

Apple TV 的出品，在美國境外能見度較窄，一定不像在 Netflix 上架一樣普及。此外「Sundance」的名字，意味獨立、小品、可喜、另類，卻欠一種引人入勝的大器，沒有「唔買都睇吓」的戲劇性 grandeur，可謂蝕章。

它成為了 2022 年奧斯卡最佳影片候選作品之一，卻是有份量的肯定。

CODA，解作 Child Of Deaf Adult(s)，父母親其中一個或兩個都是聾人的孩子。片中的 Ruby，在家中是唯一健全的孩子，她的「幸運」，某程度成了她的「不幸」。

能聽能講，她便從小到大要長期充當全家的傳譯員，沒有自己的時間，為他們而活。她是唯一沒有聽障的，在家中三對一，她成了小眾、「弱勢」，她對聲音的需要，噪音的滋擾，完全被忽略、沒人尊重。她是家中最小的，壓大卻很大，一個遷就三個，她不敢做自己，不敢追求理想，她的理想，尤其對阿媽而言，是個諷刺。她的正常，莫名地對家人的有種傷害，到她希望找一點平衡，卻如在投訴家人是個包袱。

一個正常孩子、生性孩子，把自己的需要及理想放入衣櫃，才叫逆向歧視；幾經掙扎，願意委屈自己、犧牲自己，為了家人而活的故事。

如果單是這樣，就唔好睇啦。

2022 年了，Coming of Age 的故事，除了青少年需要成長、學習，成年人都要。年齡數字大了，我們有沒進化成熟？“Coming of adult”吧廢中們，成長是個腳步很重的傢伙，時常滯後，歲數大 5 年，長進從不足秤。

故事讓我們經歷了一個不一樣、少接觸、另類的家庭鬱悶處境，讓每個角色都有成長。阿爸要、阿媽要、阿哥要，Ruby 自己也要學會，做自己不等於否定家人，愛唱歌不等於灑鹽落全家人傷口。角色都不是平面的 plot device，他們有各自的攞膽、脆弱，可愛及性格缺陷，但最重要，他們很真，他們是人。

Ruby 和家人不同，為什麼就要犧牲？她「接受」父母的聾，父母就不可以接受她聽得見、愛音樂、愛唱歌？家家都有一本難唸的陣痛及磨擦經，要每個人一起唸，到老。

片中，阿爸從剛愎自用活在自己被邊緣化，一味對家人發牢騷的世界，到放膽對世界發表（不一定發聲），為自己爭取；阿哥從跟隨老爸，孤立的做被動的漁民，到自創家庭小企業，阿媽，由覺得個女學音樂，是對自己的侮辱，到明白不必要的自憐和拒絕，是對自己及女兒的傷害。他們的成長和領悟，都來得自然、合理、痛快，更是：普渡。

Ruby 的課堂最深，由因為嬲仔所以唱歌，到遇上怪師傅，發現自己的天份及興趣，慣了被嫌棄、怕被人看見的她（聾人家庭個女、賣魚周身臭等自卑及標籤長伴左右），敢不敢去追？

嚴 / 恩師好看，中學音樂教師 Mr. Villalobos，不像《Whiplash》的魔鬼教練那麼狂，他有原則，少少賤，多多趣，問對自己才華毫無自信的 Ruby，「世上多的是 pretty voices，但你有沒有話說？」他的「教」裏面沒有迫，只有引導。

全片，是關於放下自己，擁抱自我。
重點是知道放下那些蕪，擁抱那些菁。

家人和自己之間，取與捨，收與放，每個決定，都有得失，希望改變，就要勇敢，人生，是關於必須的得失。

三個聾人角色，由三個聾人演員飾演，演爸爸的 Troy Kotsur 留了一臉漁夫之寶大鬍子，粗線條漁夫演得入型入格，但愛老婆愛女兒又不失溫柔，隨時贏得奧斯卡最佳男配角。

最難得是這電影，沒有販賣同情，不帶半點公益施捨味，擺出為弱勢發聲格，聾人有自己的聲音，感動處就是人的觸動人的洋葱，不是聾人的洋葱，勵志和溫情來得青澀過癮，一首 “You' re All I Need To Get By”，就是用來拂走灑了一身還滿的塵埃。

03 村上春樹凝視自己及傷痕之後

✳

你了解自己嗎？請你坦白真誠回答，還要有徹底的覺知，知道自己是否真正了解活在你體內的自己？

Plato 說："Know Thyself"，因為人一生最大最難的功課，是了解自己。尼采才會說「我們不明白自己，我們搞不清楚自己⋯⋯離每個人最遠的，就是他自己。」

談電影《Drive my Car》，很多人會提到村上春樹在原著中說：

「無論是彼此應該多麼了解的對象、多麼相愛的對象，要完全窺見別人的內心，終究是不可能的事。去追求這種事，唯有自己難過而已。不過那如果是自己的內心的話，只要努力，應該就能確實窺見努力多少的份。」所以村上認為人必須誠實和自己相處，「筆直凝視自己的內心」。這也是電影中的男主角家福，最後終於對自己做了的。

我卻覺得，談《Drive my Car》，應該談米蘭昆德拉，他在《不朽》裏有這樣一句話，「公路自身什麼也不是，而只從所連接的兩點獲得了它的全部意義。」

原著到底是一本書，改篇成的卻是一部電影，一部公路電影，是兩個不同的 form。濱口龍介厲害的地方，是用一部公路電影，串連了村上短篇小說集《沒有女人的男人們》中的三個故事：〈Drive My Car〉、〈雪哈拉莎德〉及〈木野〉，三碟炒埋一碟。從起點到終點，連接了失去和療傷兩個點。

一個內傷的男人，旅程之後，終於可以凝視自己的傷口，看清楚形狀、深度、腐爛、膿腫、血污，知道要面對、療傷，而不是透過麻木壓抑和自我沉溺去逃避。

電影裏的家福，是〈Drive My Car〉中的家福、是〈雪哈拉莎德〉中的羽原，是〈木野〉中的木野，片中的家福，不只是〈Drive

My Car〉中女兒夭折、妻子出軌的男人，也是〈雪哈拉莎德〉中「自己是孤島」，病態地無法外出的宅男（電影中的車，就是宅的變奏）；更是〈木野〉中撞見老婆和姦夫做愛，選擇不作反應默然離開，對於被背叛、被傷害無法自理、自我放逐的人。

濱口龍介的厲害，在於創作心思的精密和玩嘢，高明，不著痕跡地。

濱口的電影改篇自村上，村上的《沒有女人的男人們》，靈感來自海明威的《沒有女人的男人》。村上的短篇之間，無共同角色穿插，海明威的短篇，卻有一個叫 Nick Adams 的人，濱口仿似繞過村上，直接利用三合一的家福和海明威單眼。村上借名著《一千零一夜》寫了〈雪哈拉莎德重〉，濱口放大《凡尼亞舅舅》建構了自己版本的“drive his own car”。

同是短篇小說集，因時代、民族性及作者性格之別，村上的日本男人孤獨軟弱沉溺，海明威的西洋男人豪邁幽默戰鬥，沒有機會贏，也要反抗。村上的男人，壓抑得死女兒、死老婆、戴綠帽都無法反抗。濱口的男人呢，沒有 Hemingway 與生命鬥牛的不敗蠻勇，不似村上停留在因傷痕學會凝視自己，卻還會找出路療傷，發現溝通的功德無量。與人溝通、與自己溝通，解現代孤毒。

電影既是改篇之作，就不應失原著神韻，導演沒有過度改動令家福面目全非，避免了骨子裏的轉變或強化，卻加入了替他駕車的女司機美沙紀的 back story，把她立體成一個「沒有男人的女人」，成就了完滿的相互救贖。

美沙紀和她媽媽，因為父親離家出走，一個沒有了丈夫，一個沒有了爸爸，媽媽黐埋線精神分裂，令她自小吃盡苦頭。沒有男人的女人的傷痕，莫名給他一種物傷其類的深沉吸引。原來，女人們沒有男人也苦，也在活生生暗藏創傷地存活。村上書中孤毒入骨的男人，在電影中有人陪，有種「原來你們（女人）也不好過」的天涯共此時。雪地上，從美沙紀身上，他們互相取暖，釋放悲傷。

美沙紀對家福說：「我殺死了母親，因為房子塌下時，我獨自逃出來，明知她仍在瓦礫下，卻沒法叫人來救她。」

家福對美沙紀說：「我殺死了妻子。她說那夜有話跟我說，我卻在外面躕躂到很晚才回家，回去時她已死去。」

明明一個死於意外，一個死於腦溢血。死亡的突然，積恨的沒和解，令失去變成自責和罪疚。

認為自己殺了母親的女兒，認為自己殺了妻子的丈夫，故障殘缺的二人在雪中擁抱，令彼此完整了，完成了對自己的寬恕與諒解。

這種溫柔，村上沒有的，是濱口的。

美沙紀，長期被母親家暴，是〈木野〉中被情人長期性虐待的女人之陳倉暗渡，女人及她被煙頭燙傷的疤痕，成為了木野通向自己的道路，沒有 visible scars 的美沙紀，成為了家福駛向心靈的隧道。

稍嫌不美，是邀請舞台劇經驗豐富的大江崇允共同編劇，令《凡尼亞舅舅》的篇幅比原著僅得兩段台詞來得太過擴大，契訶夫名作的角色映照片中人物角色，compare、contrast 與 reveal 緊密得太咄咄逼人，情節和人物都無空間呼吸，也導致三小時的片長有點太長。雖然加入啞的演員，對照家福的太太「音」，反差微妙。前者無法說話，透過手語及傳譯的丈夫，一對韓國日本夫婦都可溝通無障礙，Bliss in translations，反而名叫音（原著中沒有名字）的妻子，死前跟家福 lost in noncommunications。

村上用正視傷痕救贖孤毒，用明白自己，達到孤獨也不寂寞。濱口卻用村上的、凡尼亞舅舅的救贖，救贖觀眾，普渡眾生。

04 慘不用來賣，用來克服

✳

我爸爸試過像《年少日記》的鄭中基打仔一樣打我。但不是為了成績不好。小學時我一般都考十名之內，最好第三，未試過第一，我不算勤力。被打，因為我的房間不夠整潔，或被認為太沉迷打機（功課都做好了）。家教森嚴，在他屋簷下品格禮貌不好，比成績不佳更罪無可恕。我學識的第一句英諺，是“spare the rod, spoil the child”。爸常說的。

被撕爛漫畫書掉丟、被關在家門外，我和哥哥都試過。傭人、祖母、媽媽，怎麼搶、怎麼擋，都擋不了。

我常升起的心底話是：「我知你想教我，但你這樣打是不對的」，另一句是「到我大個，你就不能這樣打我了。」我沒有很嬲，但痛得要命。

但我爸不會打露出來的身體部分。打屁股，不打手臂和腳，打手掌只打左手，因為右手要寫字。他說只打被衣服蓋著的地方，是給我們留尊嚴。

我能夠從童年生還，很大程度因為我非常清楚父母的愛。爸爸極嚴厲，但父母之間常見愛，他們都很會流露和表達對我錯不了的愛，加上學業和運動很好，算是在讚譽長大，我的心理還蠻健康強大，肉體倒要等到高中才大步檻過。（是的，就算上了中學，說好了放學後下午 6 時正要回家，遲到一分鐘打一下。）

如果我的生命只有被爸爸打、令媽媽失望，被弟弟嫌、被同學取笑，一切都會不一樣。

《年少日記》的悲情，不是生得不夠聰明，是不被愛。（自殺那位）

《年少日記》的第二層悲情，是失去和後悔。（生還的人）

香港近年很多社會性電影，弱勢殘疾貧窮，一拍再拍，「賣慘」成為了趨勢，但觀眾會受不了太刻意和矯情的「販賣」。

慘得真摯動人、發人深省，就不是賣慘，是悲劇。

自《十年》開始，香港每年湧現了很多新導演，一代一代，由學生習作的明顯粗糙，到今年這一批，整體發揮又比去年的「四字電影」更見成熟了。瑕疵、不足仍有，但進步了，卓亦謙的作品更是目前最整齊而沒有突兀尷尬位的一部。

沒驚艷或驚喜，但至少紮實，小演員又討好，講學童自殺如此沉重課題，沒有流於說教或煽情，亦沒有要求演員用「飆高音」的去演、去拍、去剪，我會閱讀為一種選擇，也是年輕導演中少見的，要讚。

不足是劇本仍是港產片最弱一環，寫兄弟情很淺，父子情也不深，只是因為兒子／哥哥死了，就傷心欲絕明白和後悔可以，但如果，假若說身為父親因對長子的過度期望，由愛成恨，背後有他自己如七傷拳的傷，痛就更痛更立體了。弟弟也是，對於哥哥，看不見愛有多深，似只有自責和後悔。

鄭中基的爸爸角色，寫得比較表面和薄，演出也未見太強的感染力，仔又自殺老婆又走佬咁大件事，對這個家剩下的二人之相處和影響，除了一場「飲茶蝦餃戲」交代，略嫌蒼白，爸爸真的一直死性不改毫無領悟嗎？疏離因為大家都不懂 move on，還是大家都不想碰那個傷口？

韋羅莎飾的媽媽，拋夫棄子，演不出揪心的掙扎或別無他選的逃避，或逃生。當然這也可以是有傑的視點：有一天，媽媽走了。永遠成為一個洞，一個深淵。

我反而想，如果有傑沒有死，他一生會怎樣？中學能挺過嗎、野蠻的殘酷青春期呢？

在這樣的家庭，來自法律界的極權爸爸一味高壓，媽媽一走了之從此不相往還，在功利主義精刮至上的勢利社會，他長大後不變態一樣鬱死。至於有否任何隱喻看官自行解讀。

小野演出，夠鬱不夠內傷，但新演員實在需要磨練，反而全片亮點是陳漢娜，假以時日，光芒必更耀眼。

完場後想到兩部電影，同樣是關於教師、自殺、生還傷恨的《Monsieur Lazhar》，還有一樣是失去孩子之痛的《Manchester by the Sea》，看深摯和救贖可以到這種程度。

我喜歡《年少日記》的低調積極，眾生苦，沒有誰忽然跳出來就可以改變太多，但不怕費力或徒勞，仍然選擇互相支持，慘不用來賣，用來克服。

有傑長大後，以「看見別人不開心」為救贖，希望拯救或擁抱沉淪於不快樂的人，有時遇溺的人就需要不知那裏伸出來的手，"Be the reason someone believes in good people"，捨身普渡，功德無量。儘管世界非常 PK，自己見過死獄。

05 完美，是否有點太甜？

＊

從小我也喜歡看葉縫中漏出來的陽光。樹葉在陽光中被風吹動，一片片在樹梢反光，閃爍如海上磷光我也愛看，更邀請家中那位一同呆望。那光景，是活的。卻不知前者原來有個日本名字，叫「木漏れ日」（komorebi）。

有了名字，就有儀式感，就浪漫了。

Wim Wenders 的《Perfect Days》（港譯《新活日常》，台灣叫《我的完美日常》），非常文青，安靜，懷舊，自得，充滿儀式感，與其說是清潔職人、不如說是清潔僧人，在修他的道之故事。非常浪漫。

如禪如道，無欲無求，生活是簡單的，歲月是靜好的。平山先生每天清晨起床，都行禮如儀，梳洗剃鬚，照顧盆栽，穿上工衣，袋好零錢，出門。看看天，感受一下溫度和天地，像對世界說聲早晨；買一罐投幣咖啡，開車，聽音樂，還是卡式帶。馬路、鬧市，還是安靜的。

他到東京各個公廁清潔，一絲不苟地、篤定地，近乎虔誠。每一處都光潔如新，一塵不染，就是他的尊嚴所在。他那年輕同事的馬虎草率，對照他的認真仔細，是可以 hea 做的，但他的態度是對工作和自己的尊重，沒有其他，也不需要其他。

午飯時間，到神社看看老樹，吃份三文治，拿出菲林相機拍樹梢葉縫的光影漫妙瞬間。下班了，回家，上澡堂，到同一間小店吃飯。臨睡前閱讀，又一天。有某種契合自然的美。

第二天一模一樣的過，一模一樣的虔誠清潔，一模一樣的拍下樹梢光影，一模一樣的活在自己的世界，自己的當下。寡言，觀察，八風吹不動。日常裏有什麼突發，可以。照顧走失的小孩，被他媽媽嫌棄，同事需要幫忙，可以調整改變，儀式稍緩，心態不變，和諧不改，他的日常是上善活水，不是刻板死水。又不是強迫症。

周末休假，到同一間洗衣店，同一間二手書店，同一間曬相舖，同一間餐廳，周而復始。活在自己世界，但不是孤島。又或者是活孤島，不是荒島，平行時空一樣，東京是東京，我是我，又與東京同在。正如「現在是現在，下次是下次」，享受每個簡單的當下。

單身獨活，一個人都可以盡興，陪伴他的有六、七十年代的英美搖滾樂，The Velvet Underground、the Kinks、Otis Redding、Patti Smith、Nina Simone、Lou Reed 等，路上、家裏，feeling good、Redondo Beach、House of the rising sun、perfect day，挾一眾音樂圖騰，殿堂文化符號，Wim Wenders 是多麼的屈機。

熟練的導演知道，這樣成立了平山先生的生活儀式之後，不足夠就這樣撐兩個小時，於是加入了變數。姨甥女的突然出現、餐廳老闆娘有訪客，前者令他背景肌理更立體，後者令他的情緒更立體，完美日常更豐富了。

姨甥女離家出走找舅舅，讓我們看見他來接女兒的妹妹，有司機的，看來家中是富裕的，說明了平山先生的生活，不是被動，不是生活迫人，是一種選擇。職業無分貴賤，他選擇了安於一個勞動者的尊嚴與自得。

餐廳老闆娘突然有訪客(原來是三蒲友和),平山先生對老闆娘的感情是曖昧的,有點顏色,但留了白。二人河邊萍水相逢,橫來是生命無常的消息,便一起喝酒,一起重拾孩童趣味玩小孩的「踩影遊戲」。活好每一個當下,活好每一次偶然。

一切的恆常,和偶有的變化,看似重複,但每個當下,都專注、都自得、都有情。安靜是情、留白是情、歌中有情、書中有情,這境界,是蘇軾說的「蓋將自其變者而觀之,則天地曾不能以一瞬。自其不變者而觀之,則物與我皆無盡」。

每一個 komorebi 的瞬間都不一樣,正如流水每一秒的狀態都不相同,陽光曬在臉上的感覺每次都有別,書本文字的溫度也意隨心變。

《Perfect Days》是 Wim Wenders 版的莊子「道在尿溺」,善惡在卑微裏無差別存在,美醜亦一樣。本片因「東京公廁計劃」而誕生,始於 2020 東京奧運,安藤忠雄、隈研吾等建築大師,在澀谷打造了 17 間注重設計美學的公廁,顛覆大眾對公廁骯髒可厭的形象,也望在奧運時凸顯東京的待客精神。計劃發起人是 Uniqlo 集團的二公子、執行董事柳井康治,原本想為這些廁所拍攝4條短片和攝影集，團隊找上了溫德斯，導演卻說：拍部長篇電影吧！日本有這樣的企業家，出色滋養着日本的軟實力，比盛事更盛事，有深度、里程，也具國際性。

這種職人精神，主角可以是超市收銀、或者豬肉佬、甚或銀行出納員，如果你讀過村上春樹和久石讓的生活作息，其實也是差不多規律和行禮如儀，只是職業比較接近勞動基層，那種樸實無塵之安然，公廁變成「和平與尊嚴的小聖殿」，感覺便更強烈，更浪漫了。

有時會嫌這個完美日常也締造得太甜，太浪漫。一切都那麼屈機了、美化了，主角還要是《失樂園》的情欲男神役所廣司：「唯一接近死亡的感覺，是和女性同時射精到達高潮之後。那一瞬間，在急速襲來的失落感同時，全身萎困，喪失對現世的一切欲望與執着。」從那個瞬間來到現在這個瞬間，樸素的立地成佛之人。如果洗屎坑的是竹中直人、是林雪一類演員，才是真正的樸素吧。當然，那是紀錄片，不浪漫了。

平山在送走姨甥女、與妹妹道別時痛哭，看了有點不以為然。既安然遁世，離開 rat race，活在自己的泡沫與世無爭，又爆喊？（最多是微泣吧）你不是很禪的嗎？有點違和的高級 cliché 了。

反而他看見那位有點神志不清的露宿者，也是活在自己的世界，與現實世界其他人不相通，眼神中飄過一抹物傷其類，餘韻無窮。

F 說從來不喜歡無目的、節奏慢的電影，但本片她大愛。其實她看懂了。不是關於快、慢，是關於當下，每一個時刻，你進入了，就不覺、沒有了快慢觀念的。日出、日落、風輕吹過髮端、陽光在肌膚上漫遊，去感受，是關於存在，不關目的。

哲人說，智慧是不必因驚天動地的大事而興奮，是懂欣賞尋常小事而歡喜。

或者日本人也需要遁入自己的泡沫忘記世界的憂患，過去幾十年的經濟低迷何必面對，《Financial Times》近日才報導 "Japan's standard of living has fallen to last among G7 countries"，GDP 負增長、人口老化，就繼續做個老文青吧。役所廣司在最後一個長鏡頭，浪花淘盡人生，盡顯康城影帝的功架。

「我們的尊嚴不值多少錢，但他卻是我們真正擁有的。他是我們最後的一寸領地，在那一寸領土裏，我們是自由的。」就浪漫到盡，甜到盡吧。

只要你願意，英國詩人 William Blake 就在：

> "To see a world in a grain of sand
> and a heaven in a wild flower
> hold infinity in the palm of your hand
> and eternity in an hour"

06 怪物有幾多種

✳

是枝裕和說《怪物》，要問的不是「誰」是怪物，根本應該問「什麼」是怪物。

影片中的怪物又有幾多種呢？

問「誰」是怪物，怪物就一定是人，問「什麼」是怪物，答案就多姿多彩了。也就是人世的弔詭可怕之處，世人的可憐可恨與可悲之情。

片中的怪物也真多：正常、謊言、欺凌、懦弱、社會、恐懼、家長、以偏概全⋯⋯害死過很多人，也繼續在害人。

一隻怪物，會催生另一隻怪物，再複式地繁衍爆破下去，造成了一切的千絲萬縷錯綜複雜，我們就活在吃人的地獄、魑魅魍魎的世界。

談《怪物》，一定要說黑澤明的《羅生門》，說黑澤明的《羅生門》，就一定要談芥川龍之介的《竹林中》和《羅生門》。黑澤明的厲害，是他看穿了《羅生門》和《竹林中》的共通，於是把兩者二合一，以《竹林中》的架構，拍出了《羅生門》的靈魂。

世人知道的《羅生門》電影，其實是芥川龍之介《竹林中》的故事，也就是《怪物》的佈局方法：真相，從不同人物不同視點，有不同的版本，版本一多，真相就撲朔迷離。

那不如說，有怪物，就不會有真相。

電影《羅生門》中的強盜、女子、武士，各自說了同一個兇殺案的事發版本，就像《怪物》中的校園欺凌事件，麥野湊媽、保利老師和麥野湊同學都有自己的版本。《羅生門》的重點，不是說故事的 form，而是故事的鬼，心中有鬼，真正的命題是「軟弱所在，就是謊言所在」。

強盜說謊，為了營造自己的武勇；女子說謊，為了經營自己的貞潔；武士說謊，為了保住自己的尊嚴。武勇、貞潔、尊嚴，就是這故事的怪物。

但《怪物》中的角色，湊媽基本上沒有說謊，她只是資料不全；保利老師其實也沒有「說謊」，他只說了自己視點所限的事，他從「貓屍體」、麥野湊在課室忽然發瘋掉東西、星川依里同學被關在廁所等等，三件事便直接跳到結論：麥野湊是個壞孩子、是欺凌者。他不是有意識的說謊，他憑一己所見所知，認定和說出他版本的「不是真相」，更不是真相的全部。但他沒有說謊，事實和他知道的有落差，他也把資料不全當真相。真正說謊的，只有男孩麥野湊。他的謊言，就是軟弱所在，軟弱，在於沒勇氣面對和承認自己對「豬腦」男生星川依里的感情。

在是枝裕和的《怪物》中，最大的「原怪物」叫：「正常」，越過正常的線，就要下地獄。似乎在一切的社會規範、傳統、文化、人倫的壓力下，這就是 norm。

Norm 令人說謊，norm 令人軟弱，norm 令人扭曲，不能成為正常，滿足社會的期望、符合父母的標準、配合教育系統的設定，越線，就要下地獄。不想下地獄，唯有說謊。正常催生了恐懼（剪頭髮）、說謊（包括說了謊而不自知）、欺凌（包括爸爸欺凌兒子）、懦弱、以偏概全等等等等。

世界的變態，源於無法容納異常。

正常，如極權如異獸，是催生怪物的母體。

但什麼是正常，什麼是標準，「正常，正常嗎？」正常是否只准得一個。

記着，不正常，是要下地獄的。

湊媽和保利老師都沒有說謊，他們的視角是自己真心相信的事，卻說了謊而不自知。《怪物》不純粹說騙人的謊言和軟弱，它說的是希臘政治家狄摩西尼 Demosthenes 指出的：「一個人想要什麼，就會相信什麼。」

於是先騙了自己，形成自欺、欺人。（真相，早被肢解埋屍或摔到九霄雲外，別阻路好了）湊媽想要一個解釋，兒子的怪行為、校長的「不是人」、老師的壞，只要別人有問題，自己的兒子就沒有、就正常（她是個連兒子行駛中危險跳車，也可以事後不罵不管不教的盲點母親！)。保利老師也一樣。只要麥野湊是壞蛋、他自己就不是，女同學不過說「麥野同學經常和貓玩」，有一天貓死了，他自行解讀為麥野殺貓，方便簡單。

狄摩西尼曾說：「沒有什麼比自欺更容易的了，人總相信自己所希望的。」於是每天為自己行神蹟，人人只要相信便看見，他們的世界，早已被他們對真相(其實是令自己正常)的期望所扭曲。

那芥川龍之介的《羅生門》在那裏？為什麼黑澤明把《竹林中》塞入了《羅生門》？

因為說謊是為了正常，正常是為了生存。

芥川龍之介《羅生門》的核心靈魂，慨嘆的是生存的無奈。

「羅生門」本是「京城門」，7 世紀日本皇都所在、平安京首都的正城門，後皇室衰落，天災戰亂頻仍，羅生門年久失修，殘破不堪，成為亂屍枕藉、烏鴉糞滿目的瘡痍之地。一個窮途武士，在這個城門下拷問自己，亂世下要道德還是要生存？做強盜還是餓死也要做端正高潔的武士？然後他目睹老婦在死屍堆中，拔掉女屍的頭髮，他大怒！怒恨她的卑劣不敬，拔刀阻罵。老婦說女死者生前，為了生存欺詐，也不是什麼好人，「她不這樣做就只有餓死」，現在她也一樣，逐根拔她的頭髮去賣，「不這樣做就只有餓死」，是無可奈何的事。那一刻，臉上生了濃瘡的窮武士想通了，他回了一句：「原來如此。」

不就是《怪物》中的校長，田中裕子去探丈夫監，那個疑似為她開倒車誤殺了孫女而頂罪的丈夫，所說的「原來如此」。

「原來如此」之後，窮武士是立即搶劫了老婦，剝去她身上可以變賣的衣服，乘黑逃去。

亂世，生存，無奈，誰也不想下地獄。把責任都推到形勢所迫，很方便，就可以安心有盲點，或做壞事了。

生存，是最大的怪物。

每個人，有意無意，自願被迫，說謊，背棄良知道德，從古到今，從小說到電影，從《竹林中》到《羅生門》到《怪物》，都是為了生存的自私和野蠻。說不出的無奈，就吹入喇叭聲裏。

但這一切對人性世情之通透及殘忍，是啟發自前人的，《怪物》的出色，是把沒有戰亂的日本社會，仍然存在着不見血的吃人「正常」暴露出來，那個誰必須怎麼，表面污漬必須剷除（校長）的世界，壓迫太強，自由太小。

《怪物》比《羅生門》多了的反省，還有問旁觀者的責任和自處：生而為人我們是否可以改變。看見羅生門，我們是加深謊言，加深無奈，還是勇敢去解結？最簡單就是戒跟車太貼，或跟車太遠，失真就當真，但真相往往是很大很多面的一片。《怪物》也問觀眾，看完電影之後，我們是否生活照常、運作照舊嗎？

《菜根譚》云：議事者，身在事外，宜悉利害之情；任事者，身居事中，當忘利害之慮。

一邊看，總覺得還有一隻怪物，是社交媒體現象，妄議別人的事，又或者別人的正常跟自己不同，便互相罵戰，知啲唔知啲就包公上身。後來看見導演的訪問，果然也說人們缺乏客觀地看待世界的能力，大多時候只從自己的角度思考。「社交媒體也是一樣，只見樹而不見林，人們相互攻擊、敵視，只接受自己願意相信的東西，這種事情就真實地發生在我們身邊。」

但個人覺得編劇為了達到目的，播弄太強、機心太重，手影太重，設計再設計又設計，故弄玄虛之上再故弄玄虛，校長伸長腳絆倒亂奔的孩子、把校長室的孫女照片面向家長，留下似是而非要我們見樹不見林，看見自己想相信的事。是的，就算依里有點火器、燒傷之痕，不一定代表他放火，我們也不要像保利老師。OK，我明，但太多了。

我寧可它集中瞄準「正常」這隻怪獸，正常重則令同性不能相戀，輕則令嚴肅事情發生中忽然吃糖果萬劫不服，「正常」，在《竹林中》還超越了生存的無奈。大家想想，強盜、婦人、武士，一個離死不遠，一個生不如死，一個已經死了，卻仍在拚命經營自己現實沒有的正常，一個要男人的武男，一個要女士的貞潔，一個要武士的尊嚴，至死，死了，都為了「正常」，為了達到「標準」，騙人騙己，真是死都唔放過你。才最可怕。

PS. 建議可與多年前的《The Hunt》及近年的《Close》一拼服用，也不是可以直接類比之意，但文學欣賞常以 compare and contrast 為切入，是會有不同反思的。

07 到底誰可憐？

✳

當你發現沒有辦法把《可憐的東西》歸類，就會明白它是多麼難得而自成一格地新鮮。

字裏行間充滿着《科學怪人》，卻絕對不是歌德式驚慄。明明怪雞而充滿喜劇感，又另類兼黑色，卻絕不是 Tim Burton。Yorgos Lanthimos 的黑，華麗、豐盛得非常光明。

西方有很多討論，爭辯它是否女性主義呀、縱欲主義呀，我反而認為導演的用心比任何現成的標籤更寬更大，邀請亦歡迎更多元的詮釋。

是一個超風格化的科學狂想曲，天真、無恥、反禁欲、超縱情，關於成長，明辯善惡，湯底是慈悲與善良。

在維多利亞式大宅，有 Gaudi 式奇偉瑰麗，住了比怪醫秦博士更怪的醫學天才 Dr. Godwin Baxter 和「女兒」Bella，她稱父親為 God。劇本的聰明，是完全沒有把 Bella 建構成「科學怪妹」，它跟文學名著來一次截然打對台的平反，讓父權變得文明，女性可自由發展自我。

與《科學怪人》共通命題那麼多：聖經式預言，創造者與被造者的糾結，誰有權賦予或奪去生命？科學是冷靜無情的，人世是殘忍多姿的，可以造出怪人（男性），也可以造出美麗（Bella，女性），不一定要否定它或視之為詛咒宿命。本片亦沒有《Blade Runner》那種人造人對創造自己之「父」的怨恨。（分別在於有沒有愛）

同樣是關於成長，Bella 的成長，她的 odyssey「取西經」之路，因為外形的優勢和討好，入世比起科學怪人的艱難和痛苦「容易」得多，人類從來都是外貌協會及害怕未知症候群患者。

少婦復活成女嬰，嬰兒腦袋成人身軀，被禁室培育期間，她沒有自由，但得到照顧，在探索動作、味道、性興奮、人情世道，一切未發展成熟之前，她有被禁固沒有被定型。人物造型設計上，更像科學怪人的 Godwin 成了創造者，不再是被造物，對於自己創造出的「生命」，他以美定名，沒有恐懼、厭惡，只有無限的探索好奇。他視她為實驗品，但有給她愛、空間，最後還有自由，任她去發現世界，發展心智，還提供財政支援及一個讓她可以回去的家。

全片是一場視覺美學的盛宴，當 Gaudi 遇上 Dali。華麗誇張的服裝、濃郁的顏色，帶看官進入 Bella 塵世悟道奇幻之旅。她是唐僧的相反，對世俗七情六慾有一切好奇及欲念，不戒不避，劚身經歷，好色律師 Duncan Wedderburn 是試煉她的第一個「妖精」，結果是她化成了妖精迷惑他，降伏了他，再得道。

整個旅程，有少少像打機。里斯本、郵輪、妓院，從男歡女愛的床上、到舞池、到餐桌、到甲板、到遙望貧民窟、到皮肉生涯的床上，再回到倫敦老家，是一關又一關，她過了。從年少無知到開悟，赤裸的野人，從性歡愉的純官能，到郵輪上認識了 Harry 和 Martha，接觸到書籍、獲得了智慧、思辯起哲學，她從馬拉松造愛的肉體極樂，發展到懂嘗知性上的精神滿足，再目睹路有冷死骨之世道荒寒，頓時崩潰，生贖世情懷。

千金散盡，行使自由意志到妓院自力更生，用科學精神實驗人世浮生，經歷一次見自己、見世界之後：見眾生。從離地的貴族生活、性愛享樂，結實地墮落社會最低層，在品流複雜中，從三尖八角無以名狀的嫖客群裏，穿越一次近乎「道在屎溺」的悟道。（即使在最低微卑賤裏，有惡亦有道，無差別存在。）

"Bella, we must experience everything. Not just the good, but degradation, horror, sadness. This makes us whole Bella, makes us people of substance. Not flighty, untouched children. Then we can know the world. And when we know the world, the world is ours"

Bella 的與眾不同，不受世俗羈絆，是她不以俗眼評價別人或審判自己，卻用一顆純淨好奇的心去發現世界，發展自己。你班友視為難行到 hi hi 的七七四十九個生關死劫苦路，她抽離地當自己在打機，肉體是她的手掣。

是她獨有入世之中的出世。

導演讓 Bella 離經判道，諷刺的就是世上的「經」和「道」。父權的問題不在父（性別），在權。這個父不弄權、不極權，Bella 生而有愛、有自主、自由，就有機會走自己的路發展健全人格。女嬰令賦予自己生命的母親肉體復活，發現夫／父是個人渣，弄權極權，就把賦予自己生命，取去母親（自己）性命的魔來一次圓滿的解決，很科學、正義，手起刀落，沒一點時代迂腐或感情用事，喜感在於把父親變了 hybrid 羊。（又某程度傳承了人造人的弒父情結）

把道，把 coming of age，說得好玩、溫柔、過癮、黐筋、異麗、充滿娛樂室，又高明。

說到 casting 的精準，看 Bella 一系列嫖客之夢幻攞膽，論選「岩巉」臨時演員，周星馳有對手了！

當 Bella 還被圈養在大宅時，畫面是黑白色的，魚眼鏡的運用，凸顯了事情的荒誕扭曲，又上承故事先天血液的驚慄片格調；但當她可以出去外面的世界，一切便有了色彩，到她離家外闖，世界的顏色越紛呈異彩，充滿無限可能，導演在開創同系電影的新格局。

Emma Stone 絕對得到任何女星夢寐以求的角色，原創性強、發揮幅度大，言之有物又內外兼修兼求，她演得亦精彩。Willem Dafoe 演怪人慈父，手到拿來，他的童年亦被其父親當實驗品，似乎更悲哀。Mark Ruffalo 演可笑失敗的賤男，有不過火的油膩、又不缺接近可憐的慘痛，caricature 的角色誇張中有情味，提名奧斯卡男配角實至名歸，但呼聲高的是女主角 Emma Stone。

看罷如此光明的黑色喜劇，要問的是既題為"Poor Things"，到底誰可憐？

08 沒有盲點，怎麼開眼

✳

這個世界還有 Pixar。

這年的奧斯卡最佳影片，容我事先張揚，非《靈魂奇遇記》莫屬了，好睇到咁！

如此宏闊的人生課題，把「當下」和「追夢」，用深入淺出的禪趣，充滿智慧和喜劇感帶出，畫功意象集藝術與創造性於一身，是 Pixar 又一離譜精彩之作。

深入深出容易，niche、高深、不避曲高和寡就是了；淺入淺出也容易，膚淺直白便可以。就像雅有雅賞，俗有俗玩，貨銀兩訖，相安無事，零違和。

雅俗共賞便難了，等同你必須非常用功，才可顯得不費吹灰一樣。Pixar 一次又一次舉重若輕，創作出大人細路都歡天喜地各取所需的作品，才是厲害。《Up》關於「生死契闊，執子之手」，在拿不準的生死大事前，至死不渝的 80 歲後，還是如胡適說「人生應該有夢」。《Wall-E》是百年孤寂與燈火闌珊處，順手擁抱環保。《Inside out》走入腦內，異想天開「解剖情緒」，把抽象的感受變成具體的邏輯，心理平衡之育成煞無介事地慈航普渡了。全部情趣並茂，天真睿哲。

《Soul》一文多義，是靈魂、是 Soul jazz、是不倦去追的夢，是人生的真諦。然而靈魂、夢和真諦，又有幾多種，單是「追」本身，又有幾多方法？「真」的定義，又包含多少層次？表面上，是關於平凡的中學音樂老師，不得志的爵士樂鋼師 Joe，鬱鬱了半生，在臨門快要追到夢，能參與渴求已久的 "gig"，在夢寐以求的 Jazz Club 與著名 Jazz 傳奇女王演出之前，剛剛好意外死了。化成靈魂的他不甘心，誓要折返人間追回未圓的夢。

那不過是引子。在天堂與人間之夾心，在投胎之前有「靈魂準備班」的地方叫 "the Great Beyond"，Joe 認識了「22」，才是故事的真正開始。

一個死都要投胎做人，清楚有夢拚命去追，一個死不肯下凡做人，覺得人生絕無意義，找不到人生的“spark”，一對銀幕上前所未有的 odd couple 要互相救贖了。

誤打誤撞兩個 lost souls 掉入人間之後，第一道主菜，是「當下」。有了肉體，便有了感官，千年來未嘗過食物之香與味，pizza 的滋味、珍寶珠的甜美、街上地鐵風口吹拂身體的感覺、被阿姨親吻的親愛、看藍天白雲，吹來落葉一片，22 樂了。「活着」，張開感官，感受情緒，人間情味嘗過，有種奇妙的開竅，22 以為自己找到人生的 spark。

卻被 Joe 一棍打死。他否定 22 的一切，認為 dream impossible dreams、reach unreachable stars，大事業大理想才叫「火花」，然而“A spark isn't a soul's purpose”。火花有好多種。誰要追世界標準的夢，摘社會認同的星。22 的 spark，是享受當下：「行住坐臥是禪」，如果參禪打坐是禪，穿衣是禪、吃飯也是禪，能夠把心安住在禪的生活裏，生活中有了禪，生活的感知便不一樣。「平常一樣窗前月，才有梅花便不同。」

爵士樂不正正關於即興，「即」，是當下，一刻盡情，隨心而發，再沒其他。理髮店一幕，大隻佬理髮師若無其事說人生的夢想，他本想當獸醫，但有了妻女，女兒得病，放棄了昂貴的夢想，成為了出色的飛髮佬。旁人以為他痛苦不甘，他自問非常快樂。有捨，有得，放下了的他，非常自在，家人安好，心中放晴，何犧牲委屈之有。

夢，和求，有很多種，不一定要動地驚天揚名立萬，不必出死牛二虎之力。但 Joe 未參透，仍要追一生的夢。他拚命追，追到了又如何？沒有驚濤裂岸，沒有捲起千堆雪。才有他和 jazz 女王的「雙魚對話」。小魚問道於老魚：「大海在哪兒？」老魚說：「身處其中」，小魚說「這是水，我找海」。不識廬山真面目，只緣身在此山中。又禪趣。

破執，就是無限。他才明白了 22。他才明白一生追求自己所愛，不就夠了，如果 22 所愛是當下的小美好，不就夠了。

取名 22，靈感大概源自“Catch 22”，暗指永世解不開的矛盾。有雞先，定有蛋先？人生無意義不要做人，但未做過人又怎知人生沒意義？

《Soul》的人間，是繁華紛雜的紐約街頭，嘈雜多姿，天堂則簡約素淨得來又像外星，也採用畢加索立體主義畫風造「神」，視覺畫功都是盛宴。我更記得，忘我境界和迷失自己一線之差，前者是化，後者是溺。

離開影院，懷中唯此二句：「從極迷處識迷則到處醒，將難放懷一放則萬境寬。」

09 為自己做一次主

✳

有些電影，看完之後會靜靜住進了你的腦袋、心房，有的旅居一會，大家相處久了、了解深了，會走；有的，會化成一種味道，歷久不散。

《浪跡天地》是少數的一些電影，看完之後我第一時間告訴幾位親密電影友：「要睇！」遠在導演趙婷未成為新聞人物之前。朋友之中，有些特愛電影、又有鑑賞力的，我會特別照顧他們的電影 diet，一有好東西，就提醒他們記得趁熱吃。

詩意，放逐，反省，解放，回應時代，這是一部美國夢醒，建立新獨立宣言的頌歌。

"At one time there was a social contract that if you played by the rules (went to school, got a job and worked hard) everything would be fine. That's no longer true today. You can do everything right, just the way society wants you to do it, and still send up broke, alone, homeless"。

當恆之有效的社會契約失效，甚至成為剝削與出賣，會令人覺醒，作出改變。Jessica Bruder 的原作《Nomadland: Surviving America in the Twenty-First Century》，捕捉了 2008 年美國一場金融崩壞，經濟大蕭條之後的死傷者生還實錄。雷曼兄長破產，房地產、債務都是泡沫，貨幣信貸都是危機，一夜之間傾家蕩產的一班人，成為了流離的 nomads。

主角 Fern 之痛，是美國企業的一將功成萬骨枯。石膏公司要在內華達州帝國鎮建功立業，一聲令下，開闢出一個工業城鎮。一群工人，無數家庭、無數生命，像動物大遷徙般聞工而致，got a job and worked hard。然後工廠關閉，工業城鎮，頃刻變了鬼域。Fern 和老公是其中兩個廠下亡魂，除了她的老公真的順便病死埋。

工作沒了，家園沒了，老公歿了，城鎮都亡了。什麼努力都沒有憑據，成了荒野，是零。政府三兩下手勢，滅絕了一整個postal code，像不曾存在過一樣。算不算一種滅絕、是不是美元暴政（“tyranny of the dollar”），公平咩？#decentralize 之歌高唱入雲唔好問點解，相信政府是笑話。

反正都是零。過來人，百年身，將自己變成一部公路電影。為自己做一次主，不再隨主旋律起舞，與其下一次你又音樂戛然而止，我又孑然一身在經濟荒野食風飲沙，不如讓自己入住天地間無根浪蕩。

不是無家者，只是無屋者，不是被放逐，是自我放逐，與其按揭迫人搵樓跳，不如縱一葦之所如，縱身一跳把自己交給天地，即享無限花園，無限自由。這才是另一「變種 American Dream」。

是有點荒涼蒼寒，也會孤冷疲累，公路上，冬夜裏，有它的淒絕。老爺旅行 Van 壞了，車胎爆了，缺錢了，一樣會拉屎也狼狽。導演沒有美化或歌頌遊牧生活，但這是一種生活、甚至生命的選擇，電影告訴你他們為什麼這樣選擇。

是選擇，自願自主自覺，不是被迫的。因為“Braver and more honest”，如 Fern 的妹妹與家姐的情深對話。

放棄物質、所謂文明，「正常社交」，離開建制，過自己的活，偶爾與相逢的陌生人取暖，靠不相識的相知過渡，也互相普渡。影像宏闊壯麗，有點 Terrence Malick 的意象，無垠的天際，無印的荒原，幕天席地，居無廬室，以八荒為域，縱意所如，如此誠實生活，需要勇敢。我自問有過人的誠實，沒有過人的勇氣，天天在膠桶如廁，需要一點本事。討厭建制，未討厭文明。

影片的時代重要性，在於命中紅心的情感疏離和文化游離，卻沒有揮舞斧頭，去劈什麼政治，去控訴什麼、批判什麼，只有呈現和反省。

我最記得她的兩次出走，從妹妹家，和從 Dave 的家。兩次她都可以「回到」正常，回到糖衣文明，不再浪跡，Fern 才不要。尤其從「還俗」的浪人 Dave 的家，簡直有點漏夜逃跑，虎口餘生。幸好沒有被哄騙，坦蕩蕩回歸自然不再靠任何人。“Vagabond”，就是“With no roof or rules”，她才不走回頭路，不囿說任何一個後園，整個西部，就是她的後園，裸泳在河流，呼吸在崖壁，都是自由的。河流星辰，從未失信於她，從未令她失望，比文明可信。

一切濃縮在莎士比亞那首十四行詩（Sonnet 18），《Shall I Compare Thee to a Summer's Day》，Fern和借煙年輕人的萍水相逢，有限無窮："Thou art more lovely and more temperate. Rough winds do shake the darling buds of May, And summer's lease hath all too short a date..."。

03 性之驕

＊《梅艷芳》*Anita*, 2021

01 給梅艷芳的信

✳

親愛的梅姐：

你好嗎？

我們不認識的，你出道早，吾生也晚，但一些與你同代、很疼你的朋友，我有緣有幸結識了一些。你唯一的女徒弟，我們都少少熟稔；愛你惜你、與你在香港，為我們譜下一闕「劉芳頌」的 Eddie 哥哥（劉培基），也交了我這個小友，他真是時時刻刻都惦掛着你的。

很想告訴你，這些年來，香港變了很多，變得很陌生，你以前知道的價值觀，變了，以前的自恣意，不一樣了。有時我忽發妄想，如果今天你可以忽然回來，看一看這個我們多麼深愛的地方，大概已無從細認。連我們這些天天在這城市生活的人，都驚覺它的劇變，何況離開了二十多年的人。

時代，人間，換了，強如 IQ 博士也無法修理，屬於你和張國榮那飛揚璀璨的光輝歲月，隨着你倆的離去，像鳳梨罐頭，過了賞味期限。

有些東西，卻是無限的，譬如對你的思念。你留下的，永遠纏。香港人忘不了你，忘不了那夢幻的擁抱，忘不了風中的傷痕累累，忘不了你的好，忘不了你的淚，最忘不了你的離去。

2021 年 11 月，香港有一部因你之名的電影《梅艷芳》，想是你重情重義的因種下的果，也重情誼的江志強先生，為你拍了立傳式電影，像 2013 年張學友為你辦一個逝世十周年的《梅艷芳 · 10 · 思念 · 音樂 · 會》一樣。我想，這電影也是你的電影履歷，遺憾未能加入張藝謀《十面埋伏》裏大姐一角的補白。上述一歌一影，讓你更傳世。

不過我可以肯定，就算沒有電影，沒有思念音樂會，香港人都一定記得你，不必見到天上星星，也會記掛心中的星星。有，是讓大家有一個機會，可更正式地集體思念和回溯你的一切而已。

明白失去有多痛的人，會拚命記住。

2003，沙士年，口罩年，失去年，你和哥哥都走了，香港人永誌不忘。

2021，COVID 年，又口罩年，更深沉的失去。我又戴着口罩，在戲院一角，看着電影中的口罩歷史，新聞片段，哥哥的戛然逝世。心碎斷腸一如見到 911 般的城市之殤，想起優秀醫護人員的殉職，望着熟悉的送喪畫面，全戲院陪我在哭。我異鄉人的身份才沒那麼明顯。在多變的年代，心中的痛不變地安靜忠誠，無處話淒涼。

我是在台灣看你這生平電影的，為了你，為了我在安樂電影的好朋友，我急不及待在正式上映前去買票看優先口碑場。完場時，全場自發在拍掌，給你的。你要知道，那不是首映，也不在香港，連台灣的觀眾，也不讓你孤身走路。

我寫過，獨特的你，「有時是江湖夜雨一盞青燈，有時是灰飛煙滅的一道眼神」，要找誰演你，都不可能，都不公平。輪廓的酷似，神韻都無人能及。霑叔說，新秀大賽之夜，最難忘是你在台上的不在乎，我後來看清楚，那種 fearless 的揮灑，可萬人敵。我自己最相信的生活態度，正是 fearless and unapologetic。

當年把 Edith Piaf 拍成電影的《La Vie en rose》，有演得好到可怕的 Marion Cotillard，由年輕演到老層次細膩分明，我們沒有同樣的幸運。但誰又可接近你的萬中無一？

海明威說，寫字的人只需做一件事，就是寫下真摯的句子，最真切赤誠的話，根本沒有什麼要作，就坐在打字機前，放血。這個我懂一點。我想，於你，唱歌也如是，只唱最真摯的歌，最赤誠真切的情，沒什麼要演繹，拿起咪，就放血。

所以電影中你一開始唱《心債》，我便不行了。那麼年輕，唱得好到淌血的地步，那麼年輕便離世，到我們不捨地淌血。其實，你去利舞台報名，對着它說要在台上覓理想，我已經不爭氣地淚點偏低。銅鑼灣是我故鄉啊，那畫面，那利舞台+建國酒樓+美心+泉章居，那美好無憂的香港，是我生命的一大部分，像你，是很多香港人的一大部分。

「世鈞，我們回不去了。」張愛玲永遠可惡。

角色沒有深度層次，電影有欠故事架構，對你尊重得萬事小心輕放，小心翼翼也包括重要人和事的剪裁和隱形，聽不見民主歌聲，也不見梅家班唯一女弟子，片片段段沒什麼起承轉合，就靠你本人的一生傳奇去承托。我竟沒有影評職業病發，就一味去細味老香港的盡心重現，勁 J 妙麗、尖東，但仍頂唔順古天樂演 Eddie 哥哥 1.0 時，那不能再醜的假髮。

要計較，電影完全未能捕捉你（和哥哥）的 Androgynous charm，柔情萬種又孤冷絕艷的女人心，但跳動着剛強豪邁的反叛，提醒世人：江湖俠骨已無多。

你人生太重要的劉培基也寫得太平面如道具。Eddie 哥哥是會帶你看世界，要你必修夢露魂魄，如何演唱震驚歷史的《Happy Birthday Mr President》之亦師亦友，那一役，她等同當着 4 千萬美國人面前，公然勾引美國總統，公然與他造愛，他要你明白那放肆、張狂和勇敢，又與 Marlene Dietrich 的煙視媚行不同，豈止是替你披上戰衣華服的外在？

最後的演唱會，嫁一次，給舞台，都是由他設計，氣勢磅礴的裙褂開場，簡潔淡雅的婚紗結束，Eddie哥哥心痛欲絕地明白，你人生的最後一首歌，不在唱《夕陽之歌》，在活演生離死別。

最後的演唱會，最後一首歌，你都會在丹田提所餘不多的最後一口氣，分一點出來跟香港人說再見，有始有終。如此近乎轟烈的嫁着走，在死神面前用慶祝送別，唯有你。

有說兒女，不是來討債，就是來還債的。你這香港的女兒，來還了那麼多。現在，卻一街討債的。

一個香港，得一個你。我們入場，如探一個舊朋友，好好哭一場，放放血舒泄一下，擁抱集體回憶，集體心痛，和集體失去。也多謝你為我們留下的一切勇敢和真摯，我們關心的，不是故事中的角色，從頭到尾，都是你。平凡是電影，不平凡是你。

還在思念的深處

你徒弟叫我畢仔的 上

02 呢條女

✳

看完這部電影，心裏就想着：呢條女吖。

然後就想，怎麼現在這世界那麼多呢種女。

還是這個品種從來都在，只是如今更加普遍，又肆無忌憚橫行張狂？根本是《The Worst Person In the World》的同鄉：Restless、自我中心、自我沉溺、亂七八糟、橫衝直撞、視別人的感受如無物、唔知自己想點、又乜都想要、少少知性、多多任性；也像 Greta Gerwig《Francis Ha》的“undateable”那種特質。

但 Greta Gerwig 的女（主角）都知道自己的神經質，會因為自己的 undateable 而自我感覺不良好，對人做成不便而自責，自覺自慚於性格缺憾於是會“自 lo”（自 hi 的相反），令她們的 awkward 變得可愛。人貴自知。然而片中的 Anaïs，卻完全慣性 abuse 別人對她的忍耐，恃靚行兇（片中不止一次說她很美、有 irresistible charm），她想當然而輕率、兼 insensitive 地，去行使她可以 get away with everything 的天賦。

我很不喜歡呢條女，但很喜歡這電影。記得睇。

法國電影就是有這優點，它不在乎也不用力要你去喜歡主角，它呈現的是人性和年輕的騷動迷惘，是會如此雜亂無章地去尋索自己的靈魂的。任你不喜歡都好，她是真的。

片首已經非常可愛，莽撞的 Anaïs 匆忙的在巴黎街上跑，衝去買花、衝回自己的公寓，陽光灑滿她一身，Nicola Piovani 配樂靈動的琴音也灑滿地。節拍似比她的腳步還快。

回到公寓，她遲到，包租婆等着她，入到屋，她繼續騰來騰去，腦袋身體同時要做九件事，又想斟茶又去換衫同時將自己的愛情觀和感情問題倒給別人再一地都係。她跑，鏡頭追着她，像她在追趕生命的可能性，千頭萬緒跳躍亂竄得令生命要從後反追她。那麼經濟、高效，一幕戲，主角的性格都出來了。

《Anaïs In Love》的台灣片名叫作《安妮詩快跑》，譯得真好，全片她都坐唔定、冇時停、永遠有 100,000 樣嘢想完成。追感覺追愛情，自由散漫，老是在跑，因為老是遲到。交租遲、約會遲、交論文遲，一個年近三十年的女子，與男友分手，搭上有同居伴侶的中坑，做第三者毫無問題，偏偏對方原來平庸又沒趣，出軌貪戀青春肉體，又怕東窗事發船頭驚鬼。

長期在捕捉生命樂趣的 Anaïs，發現中坑的名作家女伴，有腦有型好動，才是她理想的類型，立即擇肥而噬，覺今是而昨非，捨中坑而取中女也。廿多年距離的「忘年戀」她一追再追，親近、挑逗、引誘，中女為美色所迷，又因生命進行平原期而覺小火花自由放肆，刺激可喜，讓她活化生命已沉悶的安定，小鮮肉那麼主動，何妨讓自己再年輕再任性，偷一段愛情假期。

中段戲中戲選了 John Cassavetes 的著名電影《Opening Night》，是導演的品味和心思，點題之餘又影射，成名熟女與癡迷嫩粉的糾纏不清，冷不防結局是個回馬的人生一課。如取如攜慣的人，上得山多也會遇到老虎。她想停車，對方未必想成為她的總站。

但結局，又溫柔情迷得恰到好處。

只是我無法覺得 Anaïs 吸引，年輕而野性不是 common 得要命嗎、見得太多了嗎？是那些生命停滿不前的中年才會偷戀，年輕的導演只知最 cliché 的中年風景，是本片唯一最俗套的地方。於我，唔知自己要乜的人毫無魅力，幾靚都無味沒趣。年輕而知性、自知、信心十足而十條不紊地追尋自己的方向，更真的罕貴美味。

或許這個品種的生物什麼世代都有，四處放火，這個品種，叫青春。

03 唔好咁天真啦

✳

Greta Gerwig 的《Barbie》我是有點失望了，可能是經過《Lady Bird》、《Little Women》和《Francis Ha》的關係。前兩部電影，顯示了她作為導演的獨到觸覺及越趨成熟，最後者見證了她和 Noah Baumbach 雙劍合璧難得的默契和化學功力。於是以為來到他們一起玩芭比公仔會得米啦，又唔係。我被片首玩《2001 －太空漫遊》的純逗趣騙了。

這個曾說過最想拍的，是蘇格拉底和他的哲學老師、一位叫做 Diotima 的女哲學家之辯思對話的導演，令我有期望，她拍萬千眼球和利箭集一身的 Barbie，本來以為會比如今的半鹹不淡更言之有物，或者切入與反省更 off beat 新奇，我錯了。

頭半部是比較 OK 的，在那個想像中的芭比國度，五彩繽紛又膠又幼稚，全部公仔男的冇腦，女的是一系列冇腦和冇腦扮有腦，四肢發達生活簡單，千篇一律。由色彩到生硬的動作，場景到氛圍，兼介紹了不少角色出場，作為起步，色彩的絢爛、膠活的空洞、女生們家家酒世界的合該肥皂劇般典型竇居，它都做到了，成功令觀眾進入狀態的。Margot Robbie 沒什麼發揮機會，Ryan Gosling 簡直一來便搶鏡上身，男版 "dumb blonde" 下靶 side-kick，要幾膠他盡膠，淋漓盡致。

某程度，這部分是 no-brainer，不難，導演也讓它冇腦好玩地 no brain。但完成沒有超額。（我以為會）

然後就是 Part 2，Barbie 要像 Nemo、像《反斗奇兵》、更像《木偶奇遇記》的木偶，要闖進另一個未知的世界，透過一個歷程冒險蛻變，把自己升級成為 better me 的新版本。從來，文學創作如《綠野仙蹤》以至《尤利西斯》、《西遊記》，adventure 都是關於 transformation。

那段由 Barbieland 過渡人類世界的 portal 穿越，棄電腦化特技效果，玩默片式裝置和技法，穿山過海，低能 low tech 而舞台化，非常配合芭比的膠，是一個好的創作選擇。

問題是芭比從虛假的童話世界，去到現實的人類世界，兩者的落差就玩得沒味了。劇情也開始令人煩悶。

你說玩性別議題嗎，由「女權」Barbieland 去到現實世界，男人繼續冇腦，主要由 Mattel 的領導和高層代表負責，繼續（硬）滑稽卡通，但性別沒得到更有反思或啟發性的處理。（海灘旁的男士們都係過鏡工具啦）"Ugly Betty" 在片中演人類世界的 Mattel 員工 Glory，算是為女性說話的代表，其實很說教和典型，她老公更是平面過 A4 紙的小道具。如果本片的主菜是「Gender」，其思考、諷刺和反省，都是不深刻和沒新意的。

「女人要叻又唔好太叻，有事業又唔好威脅到男士⋯⋯」諸如此類，都是舊調。今時今日係咪真正平權，但家庭主夫、男人冇咁抗拒女上司，已經是比較自然尋常的事，兩性之間不是停在恐龍時代，做女人難，做男人也不易，性別議題是有進化了，影片沒有提供 2.0。

其實北美州 80 年代尾 90 年代頭，反省 "Superwoman" 文化時已經細思極究，1.0 翻渣再翻渣。點解我知？因為 90 年代我在加拿大讀大學，傳播系學科一定有重點性別課題，海量的討論，重頭戲有一大章節就是 Barbie culture，解讀、研究、史料、影響，幾本芭比聖經罪孽手冊可以參考（仲有 Harlequin Romance culture 又係）。她如何物化女性又話解放女性，既萬千寵愛又動輒得咎，總之女性由家庭主婦變事業女性，時裝形象由淑女貴婦變 pantsuit Power Woman，都是文化符號，都有精闢革命分析，影片就一味歌舞和片面的心理掙扎，最好的玩味，已經係 Barbie 拒絕被 "put in a box"（literally）。而歌舞場面並不算娛樂性豐富可觀度很高。

從 Barbieland 到現實世界，文化衝擊會否太少太淺？生活日常由膠世界到人肉國度，除了飲水有一些變化，她不像 Pinocchio 更多人性領悟，芭比從來係得少少 fear 怕橙皮紋同死，冇喇，尋找自我身份的命題，模糊到要登報 lost and 未 found。

Ken 用他的簡單頭腦中了父權降，把 toxic masculinity 帶入 Barbieland 本來幾好玩，但又是落墨太淺。男性都有的掙扎、恐懼、成長的難，免提了。Glory 個女 Sasha，反叛年齡啦，我以為有戲，為少女說一點話，點知又係道具，入了

Barbieland 直情是可有可無的存在。全片唯一可以跟 Ken 一較高下，比較有表現的是 Kate McKinnon 的「怪 Barbie」，至少有戲可演。

膠公仔去到人類世界，人類入膠世界，距離、反差和反省，可以玩的空間那麼多，有營養的戲劇卻那麼少。整個故事，不是想強調有腦袋，獨立思考，過自己人生的重要嗎？

說穿了，什麼女權、女性主義的思辯，什麼 Misandry（厭男）vs Misogyny（厭女）都玩不出花樣，雖然很多外國評論表示反感，說電影 Misandry，男人都是白癡冇個正常好人。女兒國的男人就是附屬，不是一次撥亂反正，是生意設定，影片連那個大肚公仔"Midge"（1963 年推出）的腰斬原因都不敢碰。本來她的出現是想給 Barbie 一個平凡鄰家朋友"plain-Jane best friend"，沒有 Barbie 的花枝招展，但因為大量投訴，家長和大人又話她樣子太年青了，"promote teen pregnancy"了，她就玩完了。

說穿了，什麼性別主義、女權反思都敵不過資本主義。芭比是總值 14 億美金的生意，影片可以冒犯金主嗎？又要 marketing 又要 merchandizing，再努力都是一場華麗繽紛的 product placement。

04 感化鹹濕佬

✳

我感動，《接近無限溫暖的藍》能一刀不剪、一格不打，原裝原汁香港上映。

這可能是2013年最具爭議性聳動性、最搶獵奇眼球的電影，原封不動影片本身已惹味多汁：處女、初戀、性、愛情、(少年)女同性戀，未上畫先遠播的威名話題口碑八卦和鼻血，還來自康城影展播映時的「驚艷」和獎項。驚艷，直迫四仔的青春女同志性愛場面，史上首見；獎項，勇奪康城金棕櫚大獎，那等同是最佳電影了，令優質影迷引頸，令一般觀眾好奇，令心邪看官垂涎，心又喜，心又色，承認吧。

首先，小心，片長達三小時；第二，它確實屬於藝術電影，為了獵這奇你需要耐性和脾胃；第三，對很多人來說的「戲肉」性愛，它貨真價實超額完成！斗零沒有辜負傳聞中的激烈，赤裸肉搏大膽迫真 graphic 兼而有之，且篇幅十足，做愛場面之久之烈，近乎過盛，可能冒犯人、令人不安。難怪女主角之一飾演藍髮 Emma 的 Seydoux 公開不滿說拍攝時覺得自己像妓女。

電影性不性、色不色不是重點，可能是賣點，如何性，如何愛，為什麼性，為什麼愛，才是共鳴關鍵。要形容這電影，容易：非常愛情，非常性愛。不常見的美麗和常見的心碎，不常見的愛慾狂喜和常見的相處傷悲。

不因為是同性戀，不因為是女同性戀，因為它透現了少女 Adele 那少年十五二十時的人生，赤裸真實。我尊敬任何赤裸裸得不留餘地的真實，無畏懼地充滿瑕疵和血跡，斑斑。是成長和戀愛的劇痛和血泊。導演用大量 close-up 特寫，捕捉 Adele 的臉、眼、嘴、唇、齒，近乎入侵性揭露，在她的班房在她的睡房，看她睡看她自慰，慢慢習慣了這種極度特寫，我們建立了與演員的親近，很私密，她開始潛入你的皮膚。法國 15 歲少女，被同學笑的處女，未經世故，找個靚仔又冧自己的男同學拍拖破處，這場性愛，零 feel、簡、短、寡，完事後她連拾到五毫子的愉悅都沒有，爭在未反眼；對照日後她和 Emma 談情，陽光為背景，吞光食日的情欲深吻、四唇聯彈，又同床激戰，肉體橫陳熱辣激烈坦蕩，此起彼落的高潮和吟歡浪叫，二人極樂得接近痛苦，愛做得喜極而泣，安歌再安歌，直至一起消失天與地。你近乎頂不順她們之間超濃極猛過烈的愛欲，不欲觀她倆亡命黐線激動的暴烈溫柔。生命中不能承受的。

肉體很誠實，但成長有距離。片首由文學切入談愛情，讀書，論情，錯過了一個人的空虛是種什麼憂傷？也從哲學談情，Fine Art 大學生 Emma 和中學文學生 Adele 談哲學家 Sade 的思想，Adele 只能以流行文化的樂隊境界理解。由 15 歲的無知到 Emma 愛的啟蒙，Adele 仍然太年青，幾年的同居，Emma 由外形到心態都更成熟，Adele 還有點懵盛盛。看兩個人的家庭，Adele 家吃的是肉醬意粉，Emma 家精挑生蠔美酒，前者家人恐同，Emma 的家不設衣櫃自由開明。她擠不進新派畫家 Emma 和她中產高級知識份子的世界，他們談什麼？藝術，品味，和希臘神話。Tiresias，世上唯一先後做過男人和女人，體驗兩種性別的希臘神，告訴眾神之神宙斯，女性從性愛中領受到的激悅，是男性的九倍。如是，兩個女性做愛，導演刻意超負荷。事實上影片罄竹難書同樣超載的是“male gaze”，男導演用獵奇的色眼看女同性戀，想當然亦投射了 male fantasy。

無話可說是演 Adele 的新演員 Exarchopoulos 值得拿影后，兩次。她的感情和肉體是片甲不留的傾城而出，無知和痴，愛和哀，令你震盪。片商說死纏爛打說服電檢處一刀不剪，是為了感化鹹濕佬，愛上藝術電影。我想，野心是太大了，鹹濕佬仍只會愛上藝術電影⋯⋯的鹹濕。

05 反叛的女人

✳

「情緒不穩定的女人做情人最刺激。」

說的是一個家勢顯赫的三世祖，我的一個二手朋友，說時他不過二十很多歲，已經身居家族生意要職，有財有權有教養有情趣還有點樣貌。我常說的，王子公主點解多數靚仔靚女？因為有錢佬多數以貌娶人，一代一代配種“溝 tivate”下去，靚媽媽的基因發揮作用，樣貌賣相的水平基本上很有保證，你睇查理斯＋戴安娜溝出威廉王子就知。不過腦袋內涵品格學養當作別論。

「我又返大陸播種了。」北上傾談生意大茶飯前，他都這樣說。作為一個一生命運早穩穩定定有人替他寫好在家族地圖的人，他早知道大約幾多歲他要娶的應該是那個女人，要生仔要應酬要為「組織」服務。權利義務他早接受了，女人，是他其中一點私己，只要不太過分，那是組織默許的不安份。

情緒不穩定的女人，你不知失驚無神她會扯你去什麼地方，精神上和肉體上，忽然頑皮忽然格鬥忽然嫵媚，你摔她她咬你再呵你，天堂地獄一日遊，來回九次，喘氣、過癮、危險。在一切的意料之內中，生活穩定的男人想要些突如其來。刺激的女人讓他感覺自己存在、讓他嘗到陌生的「失控」，比起例湯例水貨銀兩訖幾靚都假眼睛腦袋舌頭吃得多起晒繭的女人，他食髓知味。

三世祖玩女人遊戲樂此不疲，因為他不止肯花點錢，也肯花點真心，否則不「吉肉」不帶精神 SM 的愛情不痛不癢，也是悶局。若果有一個人，不必什麼大動作，對方一言一笑，如何 carry 自己，就能令你的心跳快一拍，或者跳慢一板，那就是千億也買不到的。

看完《少女香奈兒》之後，我覺得三世祖其實最想要一個 Coco Chanel 紅袖添活色生香。反叛的女人，做情婦最好。反叛不等如情緒不穩定，而且更有型。情緒不穩定到底太恐怖太 ex-game，無底止蝕位太黑洞。片中的香奈兒，除了發展出傳奇的時裝事業，主力就是做了兩個男人的情婦。做情婦，一次她做得安份，一次她做得甘心，需要的是反叛。她反叛世俗之規條，香奈兒不會和你講什麼名份，不是不想講，但有其他東西比這些更重要，真正的尊重比名份上的尊重更真誠，得到的話，她有本事跳過名、利、計較這些框框，為愛她的人做一個自愛自重的情婦。Balsan 明明比 Capel 富裕，明明沒老婆，她寧可與任她穿男裝 / 新裝、任她發展事業任她做自己的 Capel 一起。世俗眼光可以死開，你不借歪她橫眉冷對，用獨立思想和斜一口煙的咀角踩過千夫指我走我路。

反叛的女人，千依百順多半缺貨，儘管她有她的乖靈，但通常比較有趣，也有她的不可預測性。有別於情緒不穩的計時炸彈，香奈兒有的放矢，像蕭邦的情人喬治桑她愛穿男裝，愛穿的輕簡自在，反叛的是整個時代的時裝政治暨性別政治。女人的裝束和身體要由自己出發非為男人眼光裝胸作態服務，女性也不是男人轄下的二等人。

但要很有安全感和胸襟的男人，才能載得下反叛的女人。Capel 意外身亡之後，香奈兒下半生未沾婚嫁，30 多年以 Hotel Ritz Paris 為家。愛她的人也不少，反叛的人你不喜歡她都會很顯眼，但喜歡愛一個反叛的人，和懂得愛是另一回事。

很多人，不管男女，喜歡用降服對方去滿足虛榮和宣示主權，忘記了最真深的感情，是雙方甘心為對方馴服自己。

06 誰是 Liv Ullmann

✳

「我想寫關於愛，關於人類，關於寂寞，關於女人。

我想寫關於在一個島上的遭遇。一個改變了我生命的男人。

我想寫關於一種意料之外的改變和一種存心熟慮的改變。

我想寫關於時刻，我珍視的好時光和壞時刻。

我不相信屬於我一部分的知識或經驗，比起任何其他人的更偉大。

我實現過一個夢想，與此同時獲得了十個新的夢。我見過閃爍生輝的東西的反面。

我要寫的並非人們在報紙和雜誌見到的 Liv Ullmann。但我從沒想過要寫自傳。

諷刺地，我的職業要求每天展覽着身體、面孔和情感，而現在我卻害怕表露我自己。我怕我寫的東西會令我脆弱易傷，從此再沒有自衛的能力。

我體內有一個拒絕死去的年青少女。」

Liv Ullmann 在她已斷版的自傳《Changing》，一開首一口氣就寫了上述種種。「我永遠活在一種轉變中的狀態」。改變中，現在進行式，一個不會停止兼收並蓄，一個長期謙卑忠實審視自己，一個永遠在內省在進化着的女人，為沒法出席今屆諾貝爾和平獎的劉曉波，讀出〈我沒有敵人— 我的最後陳述〉，她是「挪威女演員莉芙厄爾曼」。沒有再多的筆墨。

善忘容易失敬，曾經的傳奇，由絢爛選擇淡入韜光養晦，任何再耀眼的經典，都容易掉入被遺忘的時光，但從容自在的經典，不再會介意自己吸鎂光燈和雄踞篇幅的權力，在需要份量和需要仰望時，就會恰如其分地站出來。生於日本東京，父親是飛機工程師，在她六歲時病逝，每周日，媽媽會帶她和姊姊到爸爸的墓前，但她拒絕把一塊冰冷的白色石頭當作爸爸。一天她把自己所有的洋娃娃都埋在父親的墓前，她不讓他孤單，小小女孩還把其他墓碑的花都偷來給自己的爸，叫他的地方亮麗起來。媽媽便和她談死亡，說得像愛一樣優美。她的名字 Liv 在挪威語解作：生命。

尊重生命、死亡、愛。Liv Ullmann 是一代文化和女權圖騰，最先在舞台劇飾演納粹受害人 Anne Frank 而嶄露頭角，「我是讓 Anne 來演 Anne，在眼淚掉下來之前，我根本不知她在那一刹會哭」。演戲，她是先拿走了自己。憑出色得震驚的電影

《Persona》(假面)她更在荷里活及國際聲名大噪，和該片的殿堂級導演英瑪褒曼首次合作即引爆「不倫」戀情轟動一時，她為他離婚生女，但他的五個太太沒有一個是她。她和他在他的島上生活了好幾年，絕對幸福絕對痛苦，「他夢想的是一個他創造出來的完整女人，可惜我是如果他掉以輕心就會支離粉碎的……」

在火紅的年代，她列席美蘇兩大領導的晚宴，坐在尼克遜和布里茲涅夫之間，在不斷的魚子醬和不斷的伏特加中，後者仰慕地扼着她的手談她在《Emigrants》的精湛演出。在火紅的年代，英國女演員 Vanessa Redgrave 一天突然按她的門鈴要錢，對，就是在 Antonioni 的經典《春光乍洩》前衛地裸露兩點的那個 Redgrave，她興沖沖和 Ullmann 談了兩小時革命，正眼都沒望過她一眼就叫她寫支票，用來在倫敦興建訓練革命領袖的學校，還說流血在所難免！寫了盡量大張支票後冷靜下來的她致電給 Redgrave，叫她把款項還是匯給國際特赦組織。

那年 72 歲的 Ullmann，還在悉尼導演氣質襲人的 Cate Blanchett 演舞台劇《欲望號街車》。那年，在諾貝爾和平獎為沒有敵人的劉曉波發聲。

華人中有如圖騰的女演員嗎？照鏡時，一眾猛賺外鈔有名有位的女星，妳們會看見自己是誰？

07 不要隨便說信任

✳

這是一部打臉的電影。

打你一次不夠，打得你痛不夠，要打到你羞愧，打到你不安。痛是肉體上的，痛過可以無痕，羞辱是精神上的，辱過會心震。

《方寸見人心》是一部很厲害的電影，厲害而難看。難看因為不討好，不討好到要以討你厭作為手段，去打着藝術反藝術的問：「什麼叫藝術」，「你咁又有幾藝術先」。在去年的康城影展贏得金棕櫚大獎，導演就拍一齣 art house film 在你的殿堂質問你的祠堂，用社會諷刺劇去暴露人性的。

說穿了，是如何量度，有沒有界線，要不要準則？

主角是一個瑞典美術館的館長 Christian，典型的白人男性優越權力象徵，他還要不是上流貴族，沒有含着銀匙出世的原罪，卻一身自命開明有文化的自以為是，一派人生勝利組的自我感覺良好，明明朝不起人而不自知。如果朱門酒肉臭，他散發的 intellectual snobbery 也有陣陣冠冕堂皇的異味。

不易看，因為全片看似瑣碎，其實所有大章細節，一一若無其事或煞有介事，瞄準同一個命題去審視、去反思，就是英文片名：The Square。

片中一個藝術家的作品正是一個方型，四條線：“The Square is the sanctuary of trust and caring. Within it we all share equal rights and obligations”。四條線，就是範圍，就是界線，就是準則，方寸之內，是信任和關愛的聖所，人人分享同等的權力和義務。

如果有人越過界線呢？就是崩壞。（以下含劇透，慎入。）

信任，有沒有界線。美術館其中一個展覽，入口處先問你，你信任別人嗎？信者向左門走，不信者往右門入。進入了展覽之後，那些說自己信任別人的，得到一個邀請，「請在此放下你的手機和銀包，然後繼續看餘下的展覽」。那是個無人看管的公眾地方，你會就此留下手機銀包，繼續 enjoy the show 嗎？對不起，如果你不放，你斷正了，你之前明明選擇自己是「相信別人」的。你立即在自打嘴巴，你沒有自己想像的那麼「大信」，可能正如很多人沒有表面的大愛一樣，少裝好人到這個地步。

就拿手機和銀包來玩，故事中，Christian 的手機和銀包正正給人在街上扒了，在他以為自己見義勇為之後，私人財物不翼而飛。你信得過誰？

不信任又可以去到多盡。一個和他有一夜情的人，Christian 上了那名公事上認識的女子的住所，睡上了別人的床，共赴巫山之後，他頑固地堅決不讓她替他掉丟他用過的避孕套。雙方為一個用過的、有精液的避孕套，僵持到甚至是尷尬不安的地步。原來他怕她有機會用他的精液令自己懷孕。Casual sex 可以幾 casual，優越感可以幾傲慢，不信任可以多黑暗，至侮辱傷害人的殘忍。（至後來女同事差不多質問他你好巴閉咩，Christian 才是道德破產的渾人。）人家才沒想過與你結婚生子，不信任有沒有界線。

再說藝術，又有沒有創作的界線、天馬行空的界線、激發思考的界線？一個行為藝術「表演」叫「野人」（monkey man），顧名思義擺正牌冇禮貌，演繹無政府、無監管、無拘束的天然野性。Christian 邀請了那藝術家在衣香鬢影的晚宴表演野人行為。出師有名，是否就可以在席間搗亂、挑釁、動武、肆意 #metoo 甚至當場非禮性侵女性？再一次，導演 Östlund 刻意 push the limits，神聖的四條線，必須守護聖所內的 trust and caring，否則現代人與野人無異，因藝術之名與禽獸雷同，別躲在 high art 之名後欺世盜名。

網上，又有沒有界線。那個大家追求自由，不要審查，不要關卡的國度。Christian 的美術館請了專人來宣傳“The Square”，對方為了夠 viral 夠話題，拍了條把一個活潑的小女孩在方寸內被炮火炸得粉碎的短片。求仁得仁，宣傳片真的好爆，全球喊打。你要 thought-provoking，俾你，死啦。你要宣傳你要藝術，就可以用暴力嘩眾取 noise？

方寸。
失了方寸，盡見人性太多缺點。

大愛，自由，信任，理論和實際之間，那麼遙控。人類是要管的。自律不夠，就要規則、法律。絕對自由，絕無底線，非常核突，而且危險。人性充滿瑕疵，尤其當那批自我感覺討厭地良好，以為自己比別人優越、乾淨、高尚、文明的人。你少自 high。

導演用怪力亂你的神，但句句屬實，腿腿中雞心，用一把無聲無息的匕首，一小刀一小刀的剖開中產風流白人的自滿，看似斷裂的情節，集體都是社會諷刺，用現實跟價值觀開玩笑：全力玩你。大家即管不撫心自問，他就用鏡照出你的妖相，一再讓人看見自己多麼豬八戒。它可以和法國經典電影《The Discreet charm of the bourgeoisie》同看，本片更真實，經典更荒誕賤格。

Perfect world，perfect freedom。可惜，不完美的不是世界，是我們自己。

08 今日做嘢

✳

" So to me this film is about the difficulty of standing up and saying what you think. Standing up is very, very difficult." 梅麗史翠普為《命運迷牆》(Lions for Lambs)接受《時代雜誌》訪問時這樣說，同場還有湯告魯斯與晚節不保忍不住整了個怪容的羅拔烈福。(靚仔靚女始終尤其不能以 gracefully 的方式老去，永遠要"拉面皮 ly"及"botoxly"地面對老年，強如羅拔烈福也低頭，不許人間見白頭。)

這個訪問，再次證明梅麗史翠普為何值得我們衷心摯深的尊重和疼愛。答問題的水準，就如以個人品牌價值帶記者／讀者一起跳華爾茲，優雅的節奏，典麗的旋律，溫煦的眉梢，慧黠的眼角，曳起千山萬水，揮灑自如不費吹灰，偶爾即興走板換換調轉轉步法百百厭，更可愛迷人。《命運迷牆》擺明車馬炮是政治味濃的作品，她卻說接拍是「因為電影是關於這個熱力四射的女新聞記者」（“It's about this hot female journalist”），梅姨（對她的暱稱），年紀不少了，大家笑了。幽默感就是魅力四射。我永遠記得被問到如果電影版《貝隆夫人》的女主角由麥當娜而非她奪得的話，她答曰：我歌唱得比她好，如果麥當娜得到了角色，我會撕爆她的喉嚨！（“I can sing better than she can. If Madonna gets it, I'll rip her throat out!”）

當湯告魯斯滿口例湯例水，梅姨命中紅心：“Because we're afraid to speak. Even though we have the freest society, supposedly, I think many of us are afraid to speak up. And we vilify（詆譭抹黑）the people that do speak up.”，反對出兵中東政策，被打成等同不愛國，丁蟹式歪邏輯激昂而慷精忠之慨。政治形勢、經濟懷柔、利益按摩，建制和財團永遠知道如何發功，把市民「啤」成社會機器更合用的零件，連「啤」一聲都最好冇，為他們提供方便，“stand up 與 speak up”，等如邀請萬箭穿良心，倒不如做個順民或者獨善其身，在美國窮兵黷武伊拉克、美國夢要驚醒的憂患時分，她一語中的。《命運迷牆》是給民眾的 wake-up call，今日敲警鐘，好過明日敲喪鐘，火警都冇得過你走。頸以上，除了一張美貌，梅姨更性感是那有思想的腦袋。

美貌？係呀，你看看活地亞倫的《曼克頓》中，短短幾分鐘，梅麗史翠普那張年青的臉書卷秀氣有型到「百里暈」，百里之外見到都會暈。(都說不許人間見白頭，福伯當年一派《俏郎君》夠俏到靚到人尖叫、狗都吠。）她從不濫拍，不把自己當花瓶或花紙出賣，沒有像羅拔迪尼路般長期等錢駛，她的參與，等如 QC 過電影的質素。一年四季 24 小時等錢駛的演員，不濫拍的話我寫個「 」字送給他（請自己想像及填充）。金，要掘，不必拜。你不掘我掘，你拜我不拜，拜金，容易病狂喪心。

" In the face of all sorts of warnings that are now proven to be the truth. Americans have been anesthetized by good fortune. I recognize myself in every single one of the compromised people in this piece. This movie is saying, Here we all are"，good fortune 有如心眼哥羅芳，麻痺着大家去妥協和苟於現狀，一個國家、一個地方變成怎樣，人人有責，沒推搪餘地。片中她看着自己唱好過送過他一程的政治魔頭在張牙舞爪，早知今日，悔不當初，已是無力無用。Here we all are。

這不是曉以大義的年代，所以《命》片不說教，只刺激我們去思考，梅姨智慧擇錄還有“But I do think that five years, 10 years, 20 years from now, you could look at this film and see it authentically as where we sat at 2007”。歷史人人有份寫，不想明天樣衰，唔該今日做嘢。

04 惡之華

＊《小丑》*Joker*, 2019

01 100年後的人怎看我們？

✳

時常會想，100年、幾百年之後的人，會如何看我們。尤其是某些網絡行為。

我們看幾百年前的人，中外禮教封建守舊，浸豬籠、紮腳、動輒把人燒死，是何等粗野殘忍落後。但那是舊時的norm。

幾百年後的人看我們，像如今毫無警覺地把自己的生活日常、家事私事心事、孩子的照片、父母的照片、自己的照片，不停放上社交媒體，就算是限友post，但那個是公共媒體來，是權力和貪念無盡的科技巨企，到底會否覺得我們粗野無知？還有那些網上欺凌、帶風向、fake news、把別人打架、嗌交、醜態等都放上網上公審呢？

日後會怎麼解讀，野蠻嗎？

我們的網絡文明是處於浸豬籠、紮腳、動輒燒死人的時期嗎？為了眼球，為了出位，為了極樂，為了流量，為了 like，為了經營虛榮，可以赤裸裸爛撻撻，唔着衫通街跑，公開表演各式吞劍爆粗為 like 為 view 亡。也可以把消費昂貴名氣大吹大擂，表演自己過人的感覺良好及富貴品味。（有修養的品味從來低調 discreet，這是歷史走來的文明。）

但這是現在 norm。

所以才說《大叔夢中人》是科技版現代啟示錄恐怖片。

驟眼看有點像《Being John Malkovich》，玩潛意識／入夢／多元存在於不同人的非現實空間，但《大》片瞄準直插的，是網絡現象的暴力（暴名、暴愛及暴恨）與荒謬，見血封喉。

一個由外貌到事業都平庸無比的半禿頭大學教授，走在街上一個招牌掉下來死五件，他去任何地方光顧，大概十次以後店員都不會認得，存在感不是負都是零。然後一天爆紅。

奇怪的事情發生了，他在很多不同人的夢境中出現，很多人很多人很多人都在夢中見到他，包括認識他和大量不識他的人。夢中他什麼也沒有做，但正因為這個無法解釋的入夢現象，令他忽然紅起來。他本人仍然是那個平庸大叔，因為在一個「虛擬」空間老是常出現，就忽然人氣急升，學生同事親戚朋友，忽然對他很感興趣，他就像夢境中的「迷因伯」，變名人了！帶挈埋老婆和女兒都有「光環」。

在夢中紅到現實當然會紅到網絡。名氣暴發戶很享受，飄飄然。成名令他前所未有滿面春風，存在感暴升。學生找他同照，女兒要拍老爸的日常、還有人為他出書、年輕女士更邀他上家中親熱……他明明仍然是同一個沒有魅力、沒有作為、半禿悶蛋的書呆子教授。

世人對名氣的崇拜、渴求、貪務、享受之扭曲，暴露無遺。

名，不可理喻的暴來，自然不可理喻的暴走，使同你客氣？忽然，他在大眾的夢中，由純粹存在的路人、變成一個變態暴徒、行兇狂徒。風一轉，所有夢見他的人，在現實中都怕了他，驅逐他、排斥他、欺凌他。Haters 來了。

現實中他做過什麼 deserves 被迫害？什麼都沒有。就犯眾憎了。

正如之前，他一無是處，什麼都沒做，不勞而獲，就紅起來。

莫須有名（利、愛），莫須有罪（厭、恨）。合該。活該。

虛名，帶來了實恨。他的世界，從平凡是福，反轉、再反轉。由安靜穩定，變事業玩完，妻離女散，身敗名裂。要錯的，都一直錯下去了。

誇張？但當中的反省、荒誕，偏偏寫實，是深刻蝕骨的。應該看得冒冷汗。

片中他自己的專科，課堂上教學生的「斑馬紋」理論，是全片中心及 extended metaphor。斑馬紋，是要群眾各自 blend in，不突出就不成為惡獸的攻擊對象。上天的智慧，他和世人，都沒有讀懂。本片日後必成這時代十大 cult 片。

很離譜嗎？不可能嗎？某程度一切天天在發生。影片黑色幽默諷刺一街一無是處的網紅，享受着「名來瘋」的彩票高中，不察當中的凶險荒謬，haters 湧至的粉身碎骨。

邊有道理講？虛幻名氣，虛擬仇恨面前，人類像野人一樣，沒有免疫文明能力。興許 100 年後看才覺愚昧。Nicolas Cage 的 on 9 大叔演得絕，夠戇夠拙，可惜影片有時迷路，走去節外生枝玩入夢新科技，散亂了命中紅心的警世意味。

互聯網歷史很短，公共社交媒體的歷史及文明倫理（如果有）更短處，AI 才剛冒起，我們這一代是否處於網路蠻荒野人期？

100 年後看，這時的人，不過是普通市民，千辛萬苦去風向打手吹出來的「名餐廳」，自己付鈔吃飯，還要拚命免費為人宣傳拍照做公關廣告，出名不出名都打卡。又不是業內人士，可笑？有的很出名，明明難食，或很普通，但不知是沒有味蕾，還是受名氣迷惑，還是沒有獨立思考，盲說好吃。總不能說自己笨了，貪務虛榮了，和一個四眼半禿無趣但出名的大叔上床了。

當然，不反省、不求進、不修養，浸豬籠可供幸災樂禍及看熱鬧，反正 100 年後都死咗。

02 殺神 John Wick 憑什麼

✳

我沒想過《殺神 John Wick》可以打打打打打打打打打打打打打打打打打打打打打，打到去續出第四集（這集全球票房已近 4.3 億美金）。

打打打打打打打打打打打，又殺殺殺殺殺殺殺殺殺殺殺殺殺殺殺殺……

我：「以前啲動作英雄，Bruce Willis、史泰龍、阿諾舒華辛力加嗰啲，係俾人笑一個打九十幾個都冇事，人中槍佢輕傷，次次都公式例牌英雄救世，觀眾都睇到悶，後來都冇市場。但依家 John Wick 直情一個打 999 個，打極唔死，仲睇極唔厭。」

V：「要有咁靚仔嘅樣，同憂鬱嘅眼神喎。」

我：「喂整埋套屈機西裝，幾方便呀，刀槍不入，防水避震，能醫百病……」

V：「電影就唔係真㗎啦。」

我：「咁又係，唔通真係有呢個角色、呢啲事咩，都係 made believe，唔通會當真咩我知。」

但一味打打打打打打打打打，殺殺殺殺殺殺殺，視覺上換過場地、燈光、景觀、又放煙噴火射水，加飛車炒車，加跳樓跳海，爆樽爆炸爆大量玻璃，噴血吐血總之一面血周身血，那密集高濃的暴力搏擊血腥槍戰打機官能，重複、重複又重複，轟炸得我每次都心很累，又悶。

如果官能食滯，觀眾竟樂此不疲。至少很多人不疲。

為什麼？

動機。不像舊式動作英雄，他不為正義而戰，奮不顧身不為救地球，最初他為一條狗。亡妻送他的狗。惡棍來偷他的車、殺他的狗，Wick 單身寡佬爛命一條，仇一定要報、公道一定要討，懶理對方背後是碰不得的黑幫老祖。（是浪漫也是能力！）

江湖。幫會、殺手，就是江湖，從來關於規矩、恩怨和追殺令。John Wick 一面要復仇，一面入住不是一般龍門客棧，更像是和平飯店的"Continental"，黑白中立不動武之地。江湖，無情，也身不由己，但兄弟情又浪漫地生死相許。破壞規舉，必有後果。（在這世界，規矩，竟能至高神聖。）

John Wick 的動機很「創新」，胸無天下私怨私了，失去所愛後，眼中只餘仇和殺，不管代價。但江湖路卻很舊，規矩守得很緊，令這既新且舊的黑色電影打機官能片，像類型中的 neo-classic。

於是太適合這世代。

今時今日地球人都知道建制令人失望、厭惡也無能，國際局勢地緣政治複雜難纏，那再有英雄為了世界和平，有本事隻手救世，唔好玩啦。也不必亦不會忠於騙人的垃圾制度，就不如狠狠地忠於自己。在無力感如世紀瘟疫蔓延時，John Wick 以殺神的狂態暴力，為愛狗為自己，違反一切不可能殺出可能，這就是他媽的「能力痛快感」，Wick 是醫無力感的偉哥。

而江湖規矩的神聖，也是時代 call for 的。在 John Wick 的世界，High Table 殺他，跟規矩，他要贏回自己的自由，也跟足規則。誰都沒有搬龍門，High Table 也不在規矩之上，因為「沒有了規矩，人就會活得像禽獸」。

雖然無味無故事無劇情一味打殺，我想 John Wick 之成功，是他給了世人現實夢寐以求的雙重浪漫，能力浪漫和制度浪漫。於是世人無法不感動得不介意那麻木的官能和打殺。

John Wick 背部的紋身，非精忠報國是拉丁文“Fortis Fortuna Adiuvat”，即“fortune favors the bold”，書面語是「天祐勇者」，廣東話是「打死罷就」。

以殺神之能忠於自己，遇神殺神，再讓規矩比殺神更神聖。

港片名真好，遇佛殺佛，遇神殺神，是態度；世有食神、財神、愛神，他也是「殺神」（God of Kill?）擋我者死。

天，真係拍緊第 5 集。

03 最大的核彈是極權

✳

竟然仍有不少人把《奧本海默》捧為神劇。有人笑點低，有人「神點」也太（曲）高。

我不是 Nolan 粉。從來覺得，一部電影要粉絲才覺得好看的，就不算好；一部電影，要求觀眾要上一輯歷史課堂，再熟讀 Coles notes 解讀再解構，才可以欣賞，應該叫做差。

《奧本海默》兩樣都不是，雖然我看了 5 次錶，換了 99 個坐姿。我看的那場，誠品電影院觀眾很少，全院有十個觀眾吧，我前面 4 行無人，坐最後一行得我一個，三小時又坐又立都可以。它不算很好看，但也不是一無是處，要看見它的好不難，譬如 Cillian Murphy 沉浸式進入角色的精彩。問題是它不必要地過長，節奏不流暢，最嚴重是匠氣太重，視覺上刻意求工，影像上的 chok 是為沉溺而花俏，多過為劇情氣氛需要。如果是食物，這個 chef 的擺盤無疑是 style over substance。

拍過《Funny Games》、《鋼琴教師》及《Amour》的名導演 Michael Haneke 說過：「每一個鏡頭，要等到最遲才進入，最早便出來」，精鍊是每一鏡都沒有多餘的時刻，整部作品不容許有肥豬肉，多餘的「撚」色水閒雜鏡頭一律不准內進。

強調是 IMAX 拍攝，亦 gimmick 味遠多於需要，這人物傳記式電影，視覺規模上根本不需要 18K 的解像度。

Nolan 電影的老毛病和討厭依然，是配樂和音效的刻意與過量，過度出死力營造戲劇感至擾民，sound mixing 也一如以往的失調，音樂加音效嘈吵得連聽對白也有障礙。

但數還數路還路，我要向 Hans Zimmer 道歉，一面看，一面在那些鬼整重味精加色加水加辣位，我簡直想打電話給他大喝一聲：夠喇 !! 想起現場聽他演奏會那次，重複又重複地奏出密不透風大陣仗，同套路的山雨欲來或翻雲覆雨，《Dark Knight》《Inception》再《Dunkirk》聽到耳朵疲勞＋心很累，厭悶到想懇請他高抬貴手。步出戲院立即 fact check，發現配樂的又是上次

《天能》那位可怕的 Ludwig Göransson，音樂 audio 不為電影服務，在喧賓，如果噪音有風球，他是十號。（導演明顯喜歡 over）

手法形式上，如意識流，鏡頭似進入了 Oppenheimer 的腦袋，於是有點碎碎念，絲絲點點片片段段，如一大幅史詩式砌圖，由導演不規則、非直線、時序交錯挪移地湊拼出總畫面。這手法不是問題，意識流也可以，但實在砌圖小塊太雜太多太碎，如果可以精簡一點，條理和文氣流暢點會更好。像初段，奧本海默在想他的量子力學還是正子理論，老是要剪接上一些科學意像，現實思維之間，畫面跳來接去太多次令人頗覺煩厭，除了自以為很有型，chok 着沉溺又自 J，根本是斧鑿與堆砌。

演員的人才濟濟上，這是 Nolan/Oppenheimer 版《Ocean's Eleven》了，組成夢幻陣容，不去盜寶，去做大殺傷力毀滅性武器。Cillian Murphy、Florence Pugh、Josh Hartnett、Kenneth Branagh、Matt Damon、Robert Downey Jr.、Emily Blunt、Casey Affleck，我中途還 O 咀怎麼 Rami Malek 會如此不起眼地客串，原來好戲在後頭。

改篇自原著《American Prometheus》，小說 / 電影當然有話說，核心課題是：Power。包括權力的播弄、鬥爭和制衡。

知識／智慧／科技的 power，掌權者（軍人、政客、總統）的權力，大殺傷力武器的權力，是牌面；枱底裏子，暗湧是人性的黑暗力量，猜疑、記仇、小氣，於是播弄權力。政客會，科學家之間有 power struggle，暗來明往，權力在誰手中怎麼用，毀滅性可能比武器本身還大，杜魯門總統才會說「You didn't drop the bomb, I did」。

說穿了，power 就是那個魔鬼用來誘人犯罪的蘋果。電影一開始話已說在前頭，Oppenheimer 把化學品打入蘋果，知識可以殺人，你設計了殺人配套，最好有方法控制或解除。年輕時他凝神細賞的是畢加索之名作《Woman Sitting with Crossed Arms》，可意味是他父母的藏品，原著小說及史料都有說，來自富裕家庭的他，父母在家中的藝術收藏，包括 Rembrandt、Renoir 及 Vincent van Gogh。但這幀畢加索，不是現實主義時期的作品，畫中人 Marie-Thérèse Walter 五官移位身體比例錯置，畫家解構、重組、顛覆、革了藝術的命，似預示了奧本海默的命。（或 Nolan 想自況？）

核彈，是蘋果，也是 Prometheus 的火，能載舟覆舟。像任何人和事，都有正邪、善惡兩面。核彈用於「善」，以殺止戰，但傷亡、後遺是否 justify？全片最微妙的信息，早在

Oppenheimer 趕得及和有意識撥亂反正，一手搶走毒蘋果扔掉，避免傷亡；趣味也在 Matt Damon 飾演的陸軍中將 Leslie Groves，堅持在沙漠中建核彈的組織架構內，信息及機密的傳遞必須設權限，否則就是災難：compartmental，說個不停。

權，不能極，必須有界線和制衡。

Robert Downey Jr. 飾演的 Lewis Strauss 把命題說得很白："Amateurs chase the sun and get burned. Power stays in the shadows"，火的意喻延伸，再大的力量不是問題，但要藏在暗處。核彈，不隨便亮出來的。

奥本海默留下、引用《薄伽梵歌》的名句"I am become Death, the destroyer of worlds"，是他的道德掙扎，引發他日後的限武思想，但死何嘗不是生的平衡，沒有死亡的生命，哲學家早說過是無味的。

故事寫愛情、家庭、友情，有點水過鴨背，自助餐菜式一樣多而不精，共產主義的 50 度捉鬼陰影，反映當時社會的白色恐怖、國安播弄、和人性的複雜多面，倒是值得深思。人心和人生，那有如此簡單美滿的非黑即白，單一主義的信奉，和陣營的潔癖切割？可惜是“nuclear peace”理論完全沒有觸及，簡言之是有一派思想反而指出，大國都有了核武，世界才有和平，因為沒有人想終極攪炒，太無餘地的後果，成為了權限。

烏克蘭戰爭未止，俄羅斯野心和普京跳掣之患隱憂瀰漫，北韓又在亞洲隨興自 hi，本片有某種回應時代的反思是真的，普京在 Oliver Stone 導演的《The Putin Interviews》的確親口說過「沒有國家能在現代的 hot war 生還。」

AI 也在這時甚囂塵上，絕對又是人類另一個「Oppenheimer 時刻」，另一個科技核彈，時勢上《奧本海默》確實有比誰都強的時代性，儘管充滿不足。

個人覺得，如果人類因為核武或 AI 滅絕，也不是武器或科技之錯，是人類共孽。

PS. 對 Oppenheimer 有興趣，可伸延觀賞 BBC 的舊作，同名為《Oppenheimer》的 mini TV series，一劇七集，每集一小時，男主角 Sam Waterston 比 Cillian Murphy 外貌上更神似奧本海默真人，此劇也贏了英國 BAFTA 的 Best Drama Series。

04 不可能救醒洗壞了的腦袋

✳

都不過是個人渣殺人渣的故事，沒有誰比誰高尚，只有誰比誰賤格、愚蠢和命硬（幸運）。

《周處除三害》本來是個關於狂、悟、救贖和修成正果的故事。一個惡人由狂霸遺害，到為民除害，到改過遷善，苦學有成，成為忠臣。他走了一條既不容易又漫長的路。

電影《周處除三害》的陳桂林，只不過是個虛有其形的 A 貨，撿了周處的典故來自我陶醉，也給電影一個 form 和包裝。

鹿橋在《未央歌》說過，「讓年輕人跳涯容易，要他埋頭走一條崎嶇迂迴之路太難了」。從爛人惡棍到苦學成才，餘生不故態復萌，是條比跳涯難很多很多的路。

說穿了，陳桂林（阮經天）是「為名除害」，壞人殺壞人的自傷殘殺，裏面完全沒有「義」可言，他用跳涯的決心，去幹掉排名比自己前的頭兩位通緝犯，也不算特別勇，充其量因誤以為自己將死，拚死去大幹一票人死留名而已，多麼陳腔。

導演是黃精甫，不少香港觀眾看見他的名字，幾有典故中的西晉百姓一樣，聞之色變，倉皇躲避。我明。他用了幾部作品，去說服大家「不了」。

「不了」的反應是對的，但我會推介大家入場。創作人即使曾經萬般不堪，但如果新作品有進步、有意思、即使還是充滿顯眼瑕疵，只要整體上還可以，也值得一個第二機會。

且聽聽它的好與不好，看官再自行判斷。

不好的是，你頭一小時要捱。陳氏殺第一個目標，用了很多篇幅，打鬥也長，陳桂林和警探陳灰的動作場面是有水準的，但後來和香港仔（袁富華）打打打打打那一堆，空洞官能重複了，而你不是《殺破狼》。

名導 Michael Haneke 也玩暴力、玩到你不安，他的厲害是要求每一鏡都必要而且經濟，每一個 shot 都不可或缺，更須在「最必要時才進入，一到位即離開」。不拖不贅。

袁富華有點 miscast，他是個不錯的演員，但近年不少演出都被過譽了，演香港仔用力得有點尷尬，掌握不到那種骨子裏的喜怒無常和淫賤，談不上令人不寒而慄。

情節上，陳桂花與陳灰對打，次次警探都是黑仔王，槍法也不好，大家都從高處墮下，唯他斷腳；陳桂林打贏香港仔，贏的不是命硬就是幸運，或因為他是主角。最大敗筆是患有末期肺癌的他，身體會出現病況一次。他全片都健康打得反而明白，但突然明明來過一場咳到甩肺命不久矣，不是解不通嗎？（又話其實冇病）

更解不通是一個人被刺了一刀，更被釘了入棺材，再入土下葬了，他竟然可以一不失血過多、二不缺氧窒息，最厲害是還可以自行破棺穿土而出，真是只有主角才有的福利。我看的那一場，全場觀眾笑了出來，大概為主角遇上「釘棺 friendly」的人而歡欣。

黃精甫的老問題仍在，Chok 而無當，刻意得很，那隻「豬錶」出現得頻密過度，相信他覺得自己很有腦，但觀眾沒有嗎？（一個連母親骨灰都不領的人，會刻意留一張照片自爆身份，方便陳桂林來 fact check。）

好看部分在下半場，殺頭號通輯犯。雖然，兩大惡人都是兩款不同典型（stereotyped）的惡人，但陳以文就演得手到拿來得多。邪教聖人，散發着一種「唔對路的善良和大愛」，非常稱職。

最精彩的部分，不是成功誅殺教主的快感，是不少信徒在教主魔相現形後，依舊擁邪，原來你不可以叫醒裝睡的人之外，更不可能救醒已洗壞了的腦袋。

陳桂林去後折返，驅逐魔眾，也不是出於回頭是岸的普渡，是看不過喪屍無恥擾民，不如一槍一個。這場屠殺，殺無名者，才算是為民、而非為名除害。他，終於做到了。

最後的再扭橋、煽情、收網，尾巴也有點長，也幸好不算太嚴重。

所謂除三害，是除貪嗔癡嗎？貪的教主，扮鴿，嗔是狠毒惡人，紋身有蛇，癡的是虛妄的豬，戴在手上，但其實陳桂林也貪，他貪的是名。

反而覺得，如果本作喻人間三毒為民除，警世省思，何以電影／導演本身卻充滿貪心，嗔未除，癡未戒？

05 人渣的免責金牌

✳

人渣，當然可以成為大藝術家。

武功高，不代表人品好。武俠小說裏最賤格的惡魔，武功可以超凡。武功，就是他們的 art，如果音樂是武功，西毒與東方不敗絕對是 Maestro。

《Tár》中的 Lydia Tár 甚至不是「惡魔」，她自我中心，自戀自私自滿自視高，她應該的。集齊履歷、成就、功勳、獎項的印花之多之重，是苦學加才華為她來賺的，世人把她捧得高高供奉在殿堂之上，她慣了上帝視角。第一幕戲，第一場對談，她以才氣、學養、魅力談笑用兵，呼風喚雨是她的語言，音樂是她的兵法，一問一答已是一場表演、是一次指揮。與其說

《New Yorker》作家主持 Adam Gopnik 在訪問她，不如說她在 conduct 對方、conduct 觀眾。

她去高級 Bespoke 店試身穿衣，既顯示她的奢華與講究，也像給超級英雄穿上盔甲，強調她的超能力，在這裏就是音樂。旁白一路訴說她的驕人成績，烘托也建立她才氣橫逸，自然流露一份「舉頭天外望，無我這般人」的氣勢。

不過她「風流」(赤腳掃過別人的腳背)、對 fans 有點 flirtatious (又拖手又放電)、有點物欲(看中別人的名貴手袋)、有點神經質和目中無人，why not？都在前段微妙而不着痕跡的確立了。Cate Blanchett 用她登峰造極的演技，文戲武演，把 Tar 演得淋漓盡致，她的表現，是一種女演員里程碑的高度，就像馬龍白蘭度之於《教父》，羅拔迪尼路之於《狂牛》，日後女演員要說自己被誰啟發，必然提到《Tar》的 Cate。

影片一開始便討論：意圖。如果創作的意圖那麼重要，她每個行為，濫用權力地位名氣的意圖，是昭然若揭，那算罪無可恕了。對粉絲，暗示喜歡手袋，後已據為己有，暗場大概也睡過一夜有過一腿。對小鮮肉，她一步一步埋身、張口、捕獵，用她慣性的手段。她的伴侶最清楚她的為人，說她唯一沒有交易計算的關係，就是對女兒，（“relationship with Petra is the only non-transactional one in her life”），多勢利。

導演點題得很清晰，預先張揚了捕獵者同時是受害者，更在 Juilliard School 她上課時，已拷問藝術家的「藝」與「德」可否分開看待。對於有兩個老婆 20 個子女、厭女的巴哈之私生活，年輕泛性別 BIPOC（Black, Indigenous, and people of color）學生一臉不屑，幾偉大音樂巨人都係假，唔欣賞。任 Tar 如何灌輸、甚至強加藝高就值得景仰參透膜拜，私德可放一旁，年輕人還是不吃這一套，還罵她是 bitch，就知 Maestro 所代表的那一套，藝高帶來的特權優惠，已經過期。

曾經，絕對才華，絕對成就，帶來絕對權力及絕對腐敗，但如今事業霸權、藝術光環不再是免死金牌或免責條款。私德，埋單時是計算在內的，不能豁免，否則 Harvey Weinstein 監製的不都是好電影嗎？

Tar 入住了著名男高音 Plácido Domingo 住過的酒店房，他的 #Metoo 食同事食粉絲醜聞，如對照 Tar 的戲路相似，身敗名裂的命運提早開口中。Tar 在車子內和助理兼舊相好談到馬勒與妻子的關係，還是自以為是的老想法，有權者主宰一段關係裏“One asshole is allowed”，還強調有樣東西叫「遊戲規則」。偏偏，另一位年輕人再次不吃這一套，同樣不服 Tar 極權的 Francesca，不饒人地反駁就是「下靶」伴侶都可有才能及機會均勢，「no asshole is allowed」的預警呼之欲出。

再加上自殺身亡的年輕音樂學生 Krista、和年輕 cellist 大提琴手 Olga，所有年輕一代都不再賣 Lydia 的帳或讓她全身而退。新世代，手機、IG、YouTube，都非音樂大師的語言，預示她的意氣風發年代已經過去，#RuleoftheGame 不再由她／權力一方來定。她和 Olga 那頓午飯的全盤皆北，堪稱尷尬，由推介菜式到閒聊文化，Olga 的視野已廣及政治歷史，她還局限在音樂範疇。

本片的劇本是縝密的，音樂的論述和資料搜集是精到的，Cate Blancett 的個人表演由最細緻的小動作、手勢的比劃、眼神的閃動、內心的悸動、欲望的張牙，大勢已去的荒寒，到最後流落異鄉群女任揀之後的嘔吐，都是無懈可擊的。要和形勢大好的楊紫瓊比，論難度論表現，她都是技術性擊倒。

問題是這非常藝術片的手法，Long shots、long scenes、long conversations、由一開始連續三大場如此，術語又多，實在考驗一般觀眾的專注及投入力；連片長也非同小可，在電影節叫好，正場反應一般並不意外。

影片的爭議，除了著名女指揮家不滿故事有影射她的嫌疑，還有指導演為男權 metoo 降溫，罪名去到說影片「反女性」已是荒謬。如果說音樂曾歧視女性，才華無分性別，片首說某著名指揮家，寧願她的性別不被點出，指揮家就是指揮家，不過剛巧她是位女性。

那麼權力春藥的腐敗，自也無分性別，有了權、慣了如取如攜的男女，會以為上得山多的自己是老虎，直至被太得意忘形所咬。影本的戳破和反思，仍是權力面前的腐敗，剛巧那位是女性而已。

知名鋼琴家 / 女指揮家 Mitsuko Uchida 說，要在音樂上有成，四大條件是 Talent、Intellectual ability、Technique 及 Luck，沒有說「德」。無德的確可以有能，但缺德，今時今日，唔得。人渣，是要還的。

06 齊做美食 entourage

✳

終於看了《The Menu》，港譯《五腥級盛宴》，台灣叫《五星饗魘》，一望而知，是關於高級餐飲美食的血腥夢魘。

入場之前，早見香港的輿論基本大片負評，痛罵者眾，「爛片」、「不知所謂」之觀後感大量。記着，是個人「觀後感」。電影我未看，沒加細閱，香港於我亦幾無堪看的「影評」了。但宏觀西方影評、再粗略一覽台灣的口碑評論，影片的整體成績是不錯的。（當然也有覺得影片爛的，但普遍評價真的不俗。）

看完之後：我喜歡。

好一部警世味濃、反省深刻的電影，它以 Social Satire 手法，痛恨、諷刺和反省現今所謂 Fine dining 走火入魔的邪風，向腐壞得恐怖的飲食文化作出恐怕襲擊。

既是社會諷刺劇，衝着批判和暴露人性的愚蠢而來，劇情合該誇張、反智、荒謬。這不是影片的失誤，是設計、是刻意。作為黑色喜劇，玩 horror comedy 的曲風，擺明就以超現實掃射現實。看神劇《Black Mirror》，去罵它狗屁不通，現實不會發生？（當然本片不是神劇）

電視劇出身，導演 Mark Mylod 的履歷包括《Entourage》、《Game Of Thrones》及《Succession》，盡是 Rich and powerful 生態中的變態，看權力令人扭曲，名氣毒人沉淪。不論以喜劇或是劇情手法去解剖，他都是駕輕就熟的，找來美國的法籍三星大廚、Atelier Creen 的 Dominique Creen 來當顧問設計菜式，是製作上的一絲不苟。

（含劇透）一頓每位收費 $1250 美金的晚餐，一位神級國際名人大廚，一間世外孤島餐廳，一桌難求全廳只限 12 位，煮成一道殺無赦的自毀毀人盛宴，由一個自鄙鄙人美食邪教教宗主持。

參加這場鴻門最後晚餐的賓客及餐廳仝人，全部都要死，主廚 Julian Slowik 舞劍，志在直取目下腐朽 foodie culture 的嚥喉。每一道菜由 amuse bouche 到甜品，賣弄、傲慢、虛榮、勢利、剛愎、盲目、權欲橫流，飲食魔性的七宗罪（或更多的醜陋與卑劣），從食客及餐廳身上逐一被上菜。

食客和餐廳人員包括主廚自己就是食材，復仇就是主題，割烹現今飲食文化變質的罪與惡，來一場 comedy opera 式同歸於盡。

精選的食材，包括一味錢多唔知自己食乜的富豪、裝腔作勢的食評家、盲目崇拜的食客，還有為了追求廚夢，本末倒置忘了 get a life 的 sous-chef 等等，槍口瞄準的都是「魔」（一瓶葡萄酒 "not just from a single vineyard, but from a single vine?"），全片放生的只有一個「人」。Margot 之所以生還，因為她對 foodie culture 不賣帳，她一不讓入了魔道的主廚牽着鼻子發辦，二她用自由意志自己點菜，在同場的復仇自毀宴有毒食材中，她是唯一沒被感染的冇毒局外人，如果這場玩命遊戲有一個考試，她憑一個芝士漢堡包破了局。

Cheese burger 是初心，沒有被虛榮權力扭曲的初心，一份愛食物及真味的反璞天真。這個芝士漢堡包，意義無異於《食神》那碗尋常的「黯然銷魂叉燒飯」。

京城第一玩家王世襄在《從冷碟的爭論說起》，早極力批評那些「這樣切，那樣削，細細雕，慢慢腔，如此擺，那般堆」的藝術拼盤，「實際上這違背了菜餚主要是為吃而不是看」的原則。

影片是要觀眾不舒服的，嚴格上它不針對 fine dining，轟的是病態 foodie 文化。主廚作為病態文化教主，自編自導一次對末期 foodie culture 的恐怖襲擊，導演要沒有坐在餐廳但是坐在戲院的觀眾，同受恐怖衝擊。

認真你便受冒犯了，它就要冒犯你、挑戰你。舒服你便不會思考了，問題在於你有多願意把這些冒犯放入生活審視，越貼身檢驗越驚心動魄。

要談這種對上流、權力、階級、物質、虛榮的諷刺，不能不提布紐爾（Buñuel）的經典《The Discreet Charm of the Bourgeoisie》。不是說本片有此高度深度的顛覆，但 Buñuel 喜歡經營的不理智、無法預計的暴力是同出一轍，同樣超現實的。

本片也有調味失衡，好做唔好的章節，如主廚的醉醺醺老母和充滿陰影的暗黑童年，但都無損它劃時代的應棍諷刺，Ralph Fiennes 和 Anya Taylor-Joy 的演出亦美味精緻。

問問自己，現今社會有沒有變態 foodie culture？有沒有一個廚師一間餐廳，被追捧吹奏到不成比例（不副實）的名氣及權利，受眾便盲目膜拜；有沒有一些 KOL / 食評家弄權賣弄裝腔，他們一方在玩食物玩概念，一方為玩食物玩概念的抬轎搭棚，鬥自戀、沉溺、迷失，去到失控地步。世人還不自知，個個奮不顧身做「美食 entourage」，沒有 life 的人生，用食名牌貴店填補，打卡合照就是存在。

廚師與食客、提供者與消費者、藝術家與鑑賞家、施與受的人，一起失焦共同犯錯，以消費力來定義欣賞者的階級，花得起就是王、食得多就叫懂，訂到位就是權，各有各的魔。

不理智已嚴重到成為一種粗野，一種暴力，不理智暴發消費已成對文明的恐怖襲擊，導演把它推到極端用暴力美學反諷表現出來，一起滅亡吧。

07 離開人性滅絕只有 3cm

✳

這是一個非常危險的故事。

太恐怖的演出，太吃人的社會，這個時勢看《Joker》，會滴汗，觸目驚心，不安到窒息，發現我們離開人性毀滅，可能只有三厘米。

Joker 可不是說笑的。

他竭斯底理地笑，錯 timing，錯地點，神經錯亂。他有病，腦部出了問題，無定向喪心病狂地隨時笑，自己也無法制止，預示了他失控的人生。片中主角的笑，Joaquin Phoenix 說他是精讀又狂煲 “pathological laughter” 病人的醫學紀錄片而練成的。

我沒有見過更痛苦更悲哀的笑，明明在笑，如泣血，慘不忍睹的扭曲。沒有人明白。盲、啞、跛、甚至感冒，別人看得見的故障和缺憾，會同情諒解；病態笑，只惹人討厭，招來欺凌。笑笑笑有什麼好笑！

人有病，不恐怖，社會有病，最恐怖。

社會有病，會煉成小丑。

由超級英雄到超級悲劇英雄。荷里活電影的主軸近年傾向轉性，願英雄光環歸塵土，把射燈方向改變照着壞人，變身主角，未必英雄，一定悲劇。世界變了，社會變了，人心變了，電影也要變了。就算是英雄，都是 dark 的。全世界都有病。

"I hope my death will make more cents than my life"，小丑的生命點題。Make cents，玩食字，雙重祝願他的死比生更有意義和更有價值。悲劇到盡頭的歌德式反英雄人物。

媽媽在家叫他「happy 仔」，他的職業是逗人笑的小丑，願望是棟篤笑匠，諷刺穿骨。儘管活在基層，掙扎於貧窮，折騰於病患，欺凌於都市，被生活拒絕得很厲害，乘巴士逗小孩玩都會被家長嫌棄，而他又會亂笑，在公眾場所，有點變態；但他一直努力做人誰怕氣喘。

他的生存是個錯誤，活著是個笑話，每天迎接他的是不公義放題，你仲可以正常？在道德淪喪，秩序敗壞的葛咸城，他是被屈、被炒、被出賣的地獄黑仔王。都算。原本他還是安份守己，累得連自尊都凋零下，瘦骨嶙峋中還侍母至孝，對人溫柔。可惜通通冇好報。

人生最大的諷刺，是他不是 Joker，他的人生是個 joke。人們不 laugh with him，卻 laugh at him。

刺激過度，被排斥的亂七八糟，再赫然發現自己真實身勢的可憐，病患的根源，連相依為命的母親都是害他的、騙他的，人就會負荷不了，會癲。被迫殺人、入魔，並嘗到認同、存在和快感。離開人性毀滅又近一步。

可怕不是劇情令人認同暴力，是虛構的故事近於寫實，不公義太貼身，令觀眾理解和同情一個身世可憐的殺人犯，可能忘了他已黑化到濫殺無辜，成魔仿似瑰麗的煙花。

導演自認片中主角 Arthur Fleck 參考過《的士司機》的 Travis Bickle，都是社會邊緣人，孤獨寂寞被社會遺棄，慢慢發展出反社會偏激人格。我也想起奉俊昊《上流寄生族》中的基澤，是生活是嫌棄是陰差陽錯令他殺人，而他的殺戮，令觀眾有嗜血快感。上流、既得利益的嘴臉和傲慢，值得碎屍萬段，迫瘋下流的可憐人，活該，才警世。

片中羅拔迪尼路也是吸 Joker 血的人，社會就是吸人血的地獄，老是倒楣老是被利用老是被放血的人，失血過多容易喪失理智，最後人性滅絕。

小丑的刻劃是個 caricature，Phoenix 的演繹犀利得貼近浮誇邊緣，偶爾和萬劫不復調情。

本片沒有《的士司機》的深度，發人深省像 Travis 的憤世容易被挑動利用，成為政客的工具。但本片動魄驚心，它的成功也是它的危險，太擁抱崩壞迫人，會忽略了有些界線不能沒有，社會和現實不仁不能視為成魔的藉口。

《Game of Thrones》龍母黑化的不能接受，就是強調成魔你便輸了，你成為了你最討厭，你想推翻的那種人。

社會再不仁，成魔再吸引又「順理成章」，都是軟弱的表現。做個更好的人，會堅強追求更好的社會，因自己看見不公義，而建設更公義的社會。做個更強大的人，是能夠“withstand some of the ugliest things life can throw at you”，並擁有“the ability to maintain hope for a brighter morning even during the darkest nights”。在改變世界之前，別讓世界改變你。

要令社會變好，不讓社會把你變壞。

08 內戰與否，人類都是麻 X 煩

✳

世上或許沒有無緣無故的恨，但有無疾而終的情。

婚姻可以，友情亦如是，問題是被分手的一方，能否接受消化不來、理解不到的別離，尊重對方的意願同時不生怨恨深仇。

《伊尼舍林的女妖》當然有關「愛爾蘭內戰」，由時代到寓意都是，兩個好友的決裂，是關於男人的內戰，地方的內戰，生命追求的內戰，但影片的意圖甚至目標不旨於政治，是說政治和戰爭的崩亂，如何帶來人性的崩壞。

一天睡醒，Colm 告訴 Padraic，我們的友情就不再了、分裂吧，席已割。你以為很難明、很難以置信嗎？經歷過內戰的人都可以告訴你，就是這樣的。前南斯拉夫波塞兩族的恩怨，車臣和俄羅斯的內戰，甚至明明大家都是德國人的猶太人，一夜之間，人一變臉，可以陌路，可以敵對，害或殺對方全家都得。

Colm 單方面宣布割席，不惜割下手指迫退死纏的 Padraic 明志，暗喻愛爾蘭不惜割地求獨立。Colm 有合理原因嗎？其實沒有。他拒絕再在一個荒村僻鄉的小島，與一個像頭蠢驢的男子為伍，太苦悶枯燥無聊，他寧願餘生好好做音樂達到不朽，像莫札特。為了拒絕平庸，他拒絕了平庸的朋友。

和魯鈍代表圖騰朋友絕交就可以不朽嗎？他知道未必可以，但尼采的《查拉圖斯特拉如是說》正正道出：「人是應被超越的。你們為了超越自己，做過什麼事呢？」

Colm 希望超越以往的自己，便以獨立於 Padraic 為超越宣言，但導演不忘展現，多儀式性的斷捨離而沒有真正的新生活，不過是一次自欺欺人的偽重新開始。但 Colm 是行使了尼采說的「創造了新的創造自由」，倒沒說新自由定能有所成就。

他仍舊去酒吧和島上其他沒啥意思的人喝黑啤，跟其他苦悶枯燥的人說話，難道跟 Padraic 相處就是虛度，跟其他人就不是，Padraic 不肯接受。他用自己的偏執去拒絕對方拒絕他的偏執，人性的黑暗就來了。Padraic 說謊、復仇、燒屋，原來是不准終止友情的。自以為是一個老好人，卻原來要做個壞人其實不難。

人性。

連島上活脫脫的愚者 Dominic 都看穿，他不算什麼好人，只是未經考驗而已，要害人 Padraic 挺沒難度的，反而 Dominic 被訕笑、向 Siobbon 示愛被拒絕，沒有因而成恨；被虐打他的父親拒絕，也沒有懷恨報仇。他的「超越自己」，是透過死亡(是意外是自殺沒說穿)，但他離開了荒島的困局生態。

Siobbon 算是島上賢者，身為 Padraic 之姊，她照顧他安慰他，也有足夠的智慧和意志，離開呆在島上不求變（Padraic）或偽求變的人（Colm）。有什麼事，男人就是以最熟悉的憤怒、暴力、血和互相毀滅解決，女人也沒什麼好貨式。她選擇離開。她的自由是海闊天空。

Padraic 身邊一賢一愚，映照 Padraic 和 Colm 一愚一智的人性缺失。在美不勝收的攝影下，蒼茫決絕的崖壁，洶湧無情的海浪，把人性的荒涼拱托得情景雙生。本來兩個人的友情，已非密樹濃蔭，遠山含翠，以為安於平庸可以終老的，把友情誤作深刻石碑，不甘平庸的，看友情不過逝如煙水。

內戰與否，成年男人都是怨婦一樣麻膠煩，怠於改變，不懂 get a life，有沒有低吟的女妖，都是搭錯線。

05

訴之理

*《回到最愛的一天》*About Time*, 2013

01 自毀記

✳

很想學圍棋。在看了 Netflix 的電影紀錄片《AlphaGo》之後，很想看得出、看得明世紀圍棋大師李世乭決戰 AlphaGo，兩大絕世超級高手出招之奇、之險、之高、之怪、之不可能、之歎為觀止，當我連看不懂棋法、棋招、棋局，都覺得對奕緊張刺激，坐在椅的邊緣肉緊咬唇，要是看得懂豈非 O 咀到 high high？

正所謂看高手過招，看庸官出醜，不亦快哉！

還記得人工智能 AlphaGo，去年前年先後贏了韓國職業九段棋士李世乭及世界第一棋士、中國的柯潔之轟動一時嗎？Artificial Intelligence 對決人腦，棋盤論劍，歷史鐵筆，記下人腦連環食塵。《AlphaGo世紀對決》是記敘了 AlphaGo 之由來誕生、成名之路及輝煌戰役的紀錄片，有點像武俠小說，告訴你郭靖張無忌的身世生平，及成為武林霸主的經過。

武林泰斗之中，西門吹雪決戰葉孤城，東邪打西毒，費達拿對拿度，可以想像戰情激烈飛天遁地日月無光，但我沒想過坐定定，一個人，對着電腦捉棋，可以如此引人入勝。

英國的人工智能公司 DeepMind，致力研發人工智能技術，後來被 Google 收購，產品應用於與人類玩戰略遊戲、自動駕駛、投資顧問等等，創業理念是要“Solve Intelligence”云云。

影片先找一個歐洲冠軍二段職業棋手樊麾來暖場，我們看見他在 AlphaGo 面前像炮灰般陣亡，而樊麾又是個多口鮮活的人物，他以半爛不純的英語，形容他對賽 AlphaGo 的輸棋感覺，誇張又不能承受，有點像韋小寶和你談圍棋。

但他不過是二段棋手，小菜一碟，戲肉一定是 AlphaGo 智取九段棋士李世乭的五場大戰。戰前，普遍預測是李世乭大獲全勝，到底 AlphaGo 一越七級挑戰「圍棋界費達拿」。結果，由先拔頭籌開始，AlphaGo 連下三城寫下震驚全球的 3:0 全勝，五盤制下基本上李世乭反追兩場都是保住尊嚴之力挽。

影片最好看是觀棋者的反應，戲劇到不能，世界各地均有棋精棋人節目作電視現場直播，日本台灣歐洲多個地方，像直播世界盃一樣，有旁述有專家，一面說形勢一面驚歎，原來棋可以這樣捉；也有一臉困惑，赫然發現自己水準太低參不破的。AlphaGo 手下敗將樊麾更成為了大會說書人一樣，興高采烈口沫橫飛，又有紋有路導讀。

李世乭由有點輕敵，先敗，到翌日再戰分別會改變自己的打法、又急功求勝、或亂了陣腳，一反常態，對於一些千年沒見過的下棋法無所適從。他，是人；對手，不是。這已與棋藝無關。

戰了多次，李世乭還是慣性會看對手的臉，表情眼神是棋局分析戰略一部分。沒有。對手沒有表情眼神的，根本沒有情緒面孔。李世乭有小動作，會快速用右手的姆指食指神經質的觸弄自己左手的虎口，在棋局中途「煙 break」、也會肚餓、要上洗手間。AlphaGo 不動如山，永遠在運算程式，計勝出率、算對方下一步的可能性。它不是人。

AlphaGo 用 40 天，學懂了人類 3000 年的棋藝知識。

戰場的另一邊廂，還有 AlphaGo 的團隊，緊張地希望他們製造出來的人工智能，可以戰勝人。一步步棋，他們像看着自己的子女磨劍十年如何有所成，他們給 AlphaGo 灌注的心血，如何超額完成：原來這傢伙竟然有超越他們想像的深度學習能力，下棋還有創造性。有幾步棋，全人類，不論陣營的，一起呆了，像看見奇蹟。

然而我不太佩服 AlphaGo。贏了，應份的、遲早的，因為它不是人。

Alphago 沒有童年，沒有青春期，沒有學業事業，沒有音樂詩歌百厭，沒有生老病死弱欲求，沒有帳單、按揭、夢想，沒有喜怒哀樂生離死別。Alphago 不會知道成長的殘忍與悸動，寂寞夜晚，人細鬼大，發育發姣，思念一個人，等一通電話，捕捉一個眼神，碎一次心，它知鬼。尋找自己的身份、尋找自己的存在，Alphago 不會煩惱。有人性 VS 冇人性，如果人性是缺憾，是障礙，「滅絕人性」的 AI 一定看高一線。可以專一致志 24 小時學好做好一件事，任何人，一生，可以如此無欲無情去修道，那人未必敗給 Alphago。

我不明白那些創造 Alphago 的人為什麼那麼興奮看見「人類大戰機械人」而人類大敗。可能是因為霍金早斷言：“The development of full artificial intelligence could spell the end of the human race...It would take off on its own, and re-design itself at an ever increasing rate. Humans, who are limited by slow biological evolution, couldn't compete, and would be superseded”，追求「滅絕人性」，推崇「滅絕人性」，是不自知的自毀、否定血肉，真值得高興？

什麼是進步，或者優越？“Solve Intelligence”，有本事“Solve integrity”我才五體投地。AI 用來作醫學用途，拆炸彈、開礦，做危險高空工作拍爛手掌，但可不可以做一些沒有人類品格缺點的 AI：更善良、英明、有誠信、正義感、是非觀、美學品味的，可以嗎？你懂寫這些程式嗎？

我很樂意見 AlphaGo 或任何 AI 決戰 Sherlock（Holmes），

Cumberbatch 版本，讓人工智能可以破案、破 DQ 議員的法理不通，而不是用機械智能凸顯血肉之軀的失敗。那些人類的情欲「瑕疵」，是令人之所以為人的條件。

Tesla 創辦人 Elon Musk 危言 “The risk of something seriously dangerous happening is in the five-year timeframe. 10 years at most”，你信嗎？

我信。

02 誤會了人生，也誤會了時代

＊

既然是關於離散，就是關於斷裂。既然是關於斷裂，就是關於牽繫。

有些時代，明明不是亂世，卻比亂世還混濁瘋狂，社會極速變遷的無情張力，把人與人硬生生撕開割斷，不是漸行漸遠，是一轉眼，我與你極遠。有些時代，特別有利離散，慫恿分離，各自天涯飄零。

你選擇了離散，未必想選擇斷裂，被迫活於斷裂，又選擇不了牽繫。你以為有自由，原來都是 illusion of choice。別了無法相信，以後有緣再聚。「假如能，不想別離你」。

「每個人只能陪你走一段路。」賈樟柯在《山河故人》說。於是唯有向天地明告“Mountains may depart”（英文片名）：青山可移，此情不變。山可崩地可裂海可枯，但願風雲色變驚濤裂岸，只為成全他向緊守在懷中的故人山河，說一句：「我愛你想你怨你念你深情永不變」。可惜那個飛揚跋扈的中國 90 年代，沒有羅大佑，野百合錯過了春天。

張愛玲的《半生緣》，曼幀對世鈞說「我們回不去了」。其實從來都回不去。只是我們太過自以為還有下次，誤會了人生，也誤會了時代。

影片第一段有很多爆裂，爆冰河，爆煤礦，爆煙花，破壞着建設，頹敗中絢麗。大概為成就暴力斷裂的背景時代湯底，殘忍但不譬，明明暴力，但不覺。說沒，就沒了。你來不及珍惜。有時是生死，有時是分道，有時是取捨。心臟病發的爸爸，被放棄的戀人，離婚的丈夫，在遠洋由前夫撫養的兒子，一個個人自身邊離去。轉身，是天涯。

「滿目山河空念遠，落花風雨更傷春」。

三角關係，幾十年滄海人面，換了人間和心境。影片分為三個時段：1999、2014、2025。畫面上，導演以銀幕比例 1:1.33、1:1.85 和 1:2.35（闊銀幕）識別三個時空，這手法 Wes Anderson 在《布達佩斯大飯店》也用過，三個 aspect ratios 劃分了三個時期三種心境，subtle 中有暗喻，當空間時代越來越闊，自由度看似越來越大，人與人卻越來越遠。隔閡疏離，人倫世道，反方向退步。

第一段，有很多時代，你以為無限可能開放了，經濟起飛了，個世界仲唔係我嘅！張晉生的土豪暴發臉，對照忠厚的煤鑛工人梁子，沈濤在兩者之間，揀了財大浮誇的新「資本家」，為富貴有險路走險路，有捷徑不走是白痴的人。那個時代，是屬於張晉生的，沈濤作了時代的選擇。離鄉別井做餐死的老實人時代讓你一臉灰捱死病死，冇運行冇錢醫病。

第二段，重點是刻意走慢。父親死了，留不住，親兒子從澳洲回來奔外公喪。沒有的相處從頭彌補陌生，文化差異由媽媽親手做的一隻麥穗餃子透心溶掉。到底血脈相連，送兒子送行搭慢的火車，希望留得久一點，見你多兩眼。有時，人情世事，不都需要高速發展。

末段，張艾嘉，沒話說，好睇到黐線。係黐線！這個香港人，與鬼佬前夫關係故障，殖民隱喻心照不宣，以她的世故與可以做她兒子的中國移民，在澳洲互相救贖，交換溫柔。她，在直昇機與忘年戀小子接吻後那一望，內有千山萬水的溫柔唏噓。我想 rewind 重看 100 次。

母子、父子的牽繫與隔閡，生母留在中國，生父近在澳洲一起生活。如果建制是父親，祖國是母親，怎麼計？這麼近的那麼遠，還要 lost in translation。那麼遠的這麼模糊，不念不記還是深深念記。

幾段時光，留下不止珍重，太多離別和荒涼，人與人斷了線，富起來了又如何？父親到了西方國家，還是專橫專制。連自由是什麼都未懂珍惜尊重和擁抱，好可悲。華人，DNA 裏被閹了的自由，到了西方，還是那麼殘障。你還自 high 說崛起什麼？

賈樟柯可能是中國近代最傑出可敬的導演。傑出的不少，同時可敬的不多。才華出眾的我們都知道，但他前後期一兩代，沒有被近代強國盛氣、名、利、權、位腐壞扭曲，保持到個性，堅持有話說的，你數得出有幾個，pk 的有很多。

《山河故人》，撼動人心，簡約世故，深思同時緊扣山河和人民情感。為當代中國人世思考和說話。人人舔屁股說幾十年來崛起得多強大，他看眼下都是價值觀殘廢和分裂。

細味深一點，末段簡直是神來之筆！最後一鏡配 Pet Shop Boys 的 Go West 是黐線的好！記住，不是 Village People 的 Go West（80 年代初同性戀解放的性向自由追求），是 90 年代之聲，disco dance beat，背景柏林圍牆倒下，蘇聯瓦解。那些年，盛世充滿可能，沒有如今遺恨多愁。終於登上了某個山、反而寂寥孤獨，但百年身之下，仍然 go west，仍舊起舞。導演說「West（不 west）不重要，重要的是 Go，往前走。」Pet Shop Boys 當年的 MV，自由神像，銀幕蘇聯解體，莫斯科红場，紅色五角星，大紅旗飄揚，Go west 吧，"There where the air is free"一路向西。濤在的士高時狂舞時播着，他告訴父親選定了晉生時哼着，最後孤身在汾陽雪中獨舞時伴她至最後。

繼續追尋。繼續向西。

要說不好，是《珍重》用得太濫，但香港流行文化的擁抱和執着，賈樟訶比幾多香港導演還堅持在乎。我不認為一個在外國長大的孩子會聽不懂中文，講可能有難度，聽不明太 google translate 了，導演為了戲劇，這裏有點犯駁。

既然是「等閒離別易銷魂」，要說的還是「不如憐取眼前人」。

03 是一首心痛的情詩

✳

喜歡台北，很大程度因為那種逸放，閒散。

走在街上，少了一份壓迫感和神經質的步調，連城市景觀也比較安然，建築表情也比較親切。

喜歡台北，部分程度也因為舒國治。也許只有像台北這樣的城市，才能養出像舒哥這種「閒人」。

未必慵懶，絕對散漫，在街上晃蕩游走，拐蜿蜒委曲的巷陌，經盤根錯節的老樹，斜陽草階，後院荒地，躺椅茶座，燒餅油條，炊煙麵攤，記取了時光的老街角，記載了歷史的老房子，是香港陌生了的奢侈。

在《台北小吃札記》他寫：「事實上台北之好，主要是人與人的關係最密切，人對於別人的需要，亦最了解：甚至可以說，台北是人情最溫熱，最喜被照拂也最喜照拂別人的體貼之城。」台北無限好，因為心底無限愛，溢於言表。每次讀到，我都感情用事的想以同樣的深情大愛香港。但漫蕩我城，蹓躂閒逛，南北雜陳五光喧鬧繁華鼎盛紅塵放縱，屏風樓和屏風樓之間，風不吹，流動是欷歔和歎息，你的，我的。可喜是走入普慶坊，還能沾到久違了可以聊天、可以樸靜、可以家常的人文情質。你可以漫無目的地張望，悠然無端地細味周遭的動靜。也是幸福。

似乎也容許某種「被照拂」與「照拂別人的體貼」。

那夜，普慶坊街道氛圍縈滿人味閒適，晚飯後段，向食店老闆示意下，就拿着酒杯，從餐廳走過對面馬路，四個人四只杯一瓶酒，放在車頂，打開車尾箱，拿出籃球到旁邊的球場胡射一輪，不亦快哉！這，是即興，是生活。

在《水城台北》，台北一瞥是這樣的：「陽明山後山一條公路，想來不知其路名，蜿蜒車經無數次，總望見一座亭子；不是什麼好亭子，亦不會去坐它一坐，然這一瞥，竟也在心中留得一個模樣。這模樣，是只管佇足，不究去處的台北模樣，於我有一種難以言說的親切與習常」。然而「理想的下午」確實的發生在城市間，能「鬧中取靜、亂中得幽」，要泛看、泛聽，淺嚐、漫走；理想的城市：街樹、微風、舊書攤、麵包香，咖啡芳，茶房、點心、音樂、和適時來的一陣雨，這連串俗常的組合，等的只是一個理想的下午人而已。好好享用「喧騰雜沓的自家鄙陋城市」，已是享用文明，享用 「世界畸病於粗陋慣性之人的共有鄉愁」。有種浪漫。

但舒國治的「城市書寫」不像楊德昌為城市斷症，也「不去敏感的嗅到城市瀕近腐爛或死亡的氣味」。

於是其實我沒有看見台灣，看見過更完整、更廣闊、更多角度的台灣，沒有看見甚至沒有想像和意識過「瀕近腐爛或死亡氣味」的台灣。

是《看見台灣》讓世界見證更全面更壯麗更真實，更美麗更衰敗都不為人知的某些台灣真面，陰暗的、荒謬的、可恥的，這紀錄片是情詩是期許，對自己摯愛的土地家園充滿痛心。

片首一輯瑰麗絕美的「影像明信片」，足以奪走任何人的呼吸。從高空俯瞰，碧海藍天，雲嶺黛巒，河川細紋，山林堤坡，雲海桑田，古秀蒼茫。錯落的村莊，雜沓的顏色，我神馳於一塊塊像天然 pantone 藍綠深淺有致的農田，我驚歎於那些自然風貌儼然是國家地理（NatGeo）級數。視覺上奪魄的震撼配合捷克與布拉格交響樂團的配樂，胸中是一陣無以名狀的感動。不止因為美，因為有台灣人如此情深感觸不辭勞苦地為下一代紀錄了台灣。（有一天，我多想用心紀錄香港。）

當好好細細的用眼睛呼吸過台灣的千山萬水，用心摩娑過傾聽過一天一海一山一石，一草一木一花一鳥，影片告訴你美好背後，醜陋的破壞和貪婪的掠奪，錦繡山河已被毀容、被殘害，為了利益，大地山脈河床被挖內臟、截肢、灌毒，對大地的搾取，已到了瘡痍地步，慘不忍睹。

發展和經濟的硬道理太霸道，太殘暴，對孕育眾生的美哉大地肆意虐害，後果已由人禍引發的天災支付。是用心良苦不忍大地滴血的覺醒呼喚。堅持有機耕作的婆婆說：蟲吃剩的，才是我們的。我們需要的不多，只是想要太多。

衣食足，然後知榮辱，不是去盲追更大的榮，滿足永無止境的欲。英國哲學家 John Locke 說土地的運用，「要留下足夠及同樣好（Enough and as good）的東西給來者，方為正義。」想起法國 Saint-Exupéry 區酒莊 Chateau Malescot 對土地的尊重敬愛，絕不濫待，謹記“We do not inherit the earth from our ancestors, we borrow it from our children”。覺悟吧。

04 在島嶼鍊字

✳

一支男得充血的筆，一湖清癯的苦墨，一個蓬勃半個台灣文壇的客廳，一夜僅能精鑄出的卅字。

余光中。周夢蝶。林海音。王文興。

他們，在島嶼寫作。「這樣一代文學作者，這樣一種特殊的時代背景，值得記錄，需要記錄。」不得不越來越喜歡台灣，因為《海角七角》，因為《艋舺》，更因為《他們在島嶼寫作》。因為那文明好看的選舉。因為有人仍然因為相信，就努力用心好好去幹！那種單純那種力量，很震撼。不是因為「知道」市場而去做，所有因為「知道」而做的電影都沒創意，創造之前需要歷練許多不知道。

「以鏡頭寫文字的夢」，《他們在島嶼寫作》文學大師系列電影叫我感動，不是因為我是影評人，不是因為我是寫字的人，感動因為你是一個人。整個概念，一種愛自己城市和文學的自豪感，只要真誠摯愛，就動人可愛。六位作家的紀錄片，時間關係，上述四位看了，楊牧和鄭愁予的沒看。都是大陸過去的人，他們的文字他們的生活，是營養是啟發，我滿載而歸。

余光中告訴周夢蝶：「美，加上力」。他的鄉愁：「小時候，鄉愁是一枚小小的郵票，我在這頭，母親在那頭⋯⋯後來啊，鄉愁是一方矮矮的墳墓，我在外頭，母親在裡頭」；他的狂詩人：「寫我的名字在水上，不 寫他在雲上，不 刻他在世紀的額上」。寫作，人生，我們誰都用一生尋問自己是誰，尋找自己為啥，他廿字道破了：「我不知道我是誰 我憂鬱 我知道我不是誰 我幻滅」，直至「無風的後半夜格外地分明他知道自己是誰了，終於原諒了躲在那上面的無論是哪一尊神」。美加上力的他，老得真漂亮，常見率性童心，到遊記名家徐霞客的墓陵，開心大發現的彈出一句有了徐的遊記，「國破了，山河在啊！」見石獅子要騎，拍照時甫士到自己發揮，他擺出 V 手勢。是文字裏沒見過的頑皮。

周夢蝶那管毛筆裏應藏着一個苦行情僧，這「新詩人裏長懷千古之憂的大傷心人」就懂文字，不懂生活，擦鞋的毛巾也擦臉，

「一切有情，都無掛礙」吧。他的國孤獨卻不蒼冷，精神的苦練是修行，煉成儒、佛、禪味豐的文字。憂愁，可以穿過我與非我，一顆紅鈕扣，卻「腼腆而溫柔，貼伏在你胸口上」。銀幕上這瘦小的老人，九十多歲，沐浴，入定，慢慢慢慢慢慢的，繼續苦練的人生。

林海音人不在了，她提拔過賞識過關愛過的人讓她立體起來，誰都記得她那客廳是文藝沙龍，倡文人相「親」，她好客她的饗宴，口腹上精神上的，誰都不忘。名作《城南舊事》以外，林先生彷彿就是情、義、勇的武俠人物化身，他兒子說：「她帶著我來這個世界，我（在醫院）抱著她離開這個世界」，哭了。

王文興只讀過《家變》（好難讀啊），恨我讀書少，對家和父那麼叛逆張狂的人，原來從冰箱拿起冷湯冷菜，就吃，因為快；看見喜歡的東西，如湯杓子，掛在浴室。如閉路電視的錄像，黑白的，夜裏，桌前他邊寫邊撕邊以筆大力敲擊桌子，找子尋句覓聲韻，長夜，從來就鑄卅來字。

渴望我們也有「他們在小島寫作」，劉以鬯？金庸？董橋？看劉以鬯和學生對談，說「新不一定好，好的小說一定要新……我對香港是特別的愛好」，好想把他擁住。

05 時間沒有告訴你的

✳

這個世界大約有九成人在賣時間，一成人在買時間。

每天上班，你都在賣時間，買家是你老闆。時間寶貴，有出冇入，天天放血，能買時間的，多少有點本事；能替你省時賺回時間的，都比較昂貴。速遞、直航機、特別快車、電腦更快的處理器、上位捷徑，都代價更高。時間，是貨幣，你用來替自己買過什麼？有兩樣東西我很介意怎樣花：時間和信任。錢，花掉了賺得回，時間和信任我吝嗇地珍惜。

時間，就是人生。

如是，如何賣時間，就是如何賣人生。英國電影《About Time》

不是關於愛情，根本是關於人生，可愛到不行，善良得過份，我愛死了。那純情傻仔主角 Tim，擁有一個可以屈時間機的人生，家族遺傳了成年後可隨心所欲回到過去的異能。大拿拿，at will 地穿越時空喎，不同的生命章節，可一可再，初戀初吻初夜，Tim 可以有 take 2、3 、4，take 到滿意為止，發達！把歷史修理修正再修補，是超級英雄的力量，是 super power！如果是荷里活佬，可能早就大美國英雄主義上身，撈個什麼「Take 2 俠」來救世一番，好歹逆轉 911 事件，或者拯救戴妃於車禍，至少去偷窺一下碧咸是否如傳聞的和湯告魯斯有私情之類了。Power 令人喪，何況超級 power！

但，沒有。英式幽默和智慧，連用這異能去令自己每期中一次六合彩都沒有，人生，是 about time，不是關於權力、財富、名氣、是關於時間。比兒子早玩時光倒流大半生的爸爸，父傳子的錦囊是：最終，很多東西都是次要，名利權利甚至令人不快樂多於幸福，人生最重要是花時間於你在乎的人和事身上，蒸餾滴淨，就是相處和陪伴。因為就算你可以不停回到過去，死亡仍是早就斟好了酒在另一端等你。

從來相信哲學家 Aristotle 說人生兩大悲哀是 not yet（還未）和 never more（不再）。還未，只差一點點的歎息風露立中宵人比黃花瘦；不再，任你粉身碎骨都回不去的決絕，兩大警號總提醒我們「珍惜」。本片卻說，就算你有特異功能去搞掂「還未」和「不再」，仍更要珍惜。到底沒有人能搞掂死亡。與其忙着去把昨天修正變好改變世界，不如豁然擁抱每天。有變天力量的家族，ego 小，沒野心，都是貪嗔癡矣，在海邊祖屋看書聚天倫就是了。人生不是關於動地驚天去證明自己，或 24×7 完美無瑕薔薇明媚，有莫大本事的人告訴你要享受平凡，享受沙石，享受風雨，享受缺損，享受每天：As Is。超能力都不用了。

這是何等境界。在笑爆嘴的求愛、拍拖、結婚、生仔中，在可以溶掉你的父子親情中，是領悟和禪趣。與世無爭而入世，善良得通透，簡單得明媚，宋代《五燈會元》卷裏有惟信和尚說三境，人起初見山是山，見水是水；後來，見山不是山，見水不是水；最後，自己、世界、眾生都見過了，再次見山是山，見水是水。從無知到世故到豁然，本片是看似平凡的第三境了。

在九死一生的萬條死線裏，在幾段命不久矣的愛情中，生還存活的我們，還要懂得：make time。騰出時間，為了你愛的人和事。我說騰不出就再野蠻一點，去製造時間，反地心吸力都要製造些時間出來，可以的。大家要 make money 及 make love，我知，但營役賣時間之餘記得 make time，你會喜歡自己這樣做。

06 當代必看電影

＊

「喂，有什麼電影好看」，每年我會被這問題點擊約九萬五千多次，多除少補。

當你有個所謂影評人身分，年中就經常有人問你「喂，有什麼電影好看」，問的包括真朋友、普通朋友和不是朋友，不等，當中有真問、假問和廢問，不贅。廢問的，等如在街上遇見你就問「去街呀？」的人一樣，為問而問，答案是廢的，純粹低智商扮正常或無聊頂透，答都費事；假問的，就亂答，鬥冇誠意，扮客氣或懶 friend 都免，反正你不是真的要我推介；真問的，我最怕，尤其是真朋友真問，就最怕，因為我老想給人一個負責任、專業而又很勁的答案。勁，是指希望對方看過後會歡欣雀躍覺得值得。（人、戲錯配，很易害了一套好戲，更加別來找我晦氣。）但弊在看電影，就算欣賞能力都屬高的，口味的確人人不同，我杯少甜檸 tea，未必是你杯絲襪奶茶。所以我通常會先反問對方最喜歡的電影有那幾套，以便舉一反三。若沒問就推介，要對對方的品味很有信心才行，勉強冇幸福。正所謂煲呔都有知心友，杜魯福都有對頭人。再者，坊間大量庶民影評人經常出盡力口誅眼「崛」判一些電影死刑，尤其一些非主流非大路商業片，喊打如見殺父仇人一般，在香港，讚賞 art house films 是高危的。

已故法國影評泰斗 Serge Daney 說過：「媒體不再請那些懂得（或熱愛，或懂得為何熱愛）一些東西的人，與公眾分享他們的識見。它只會反過來請一些一竅不通的人來代表大眾的無知發言，從而把無知狀態合理化。」反智，是世界現象，媒介之間大量抄改彼此的內容是全球趨勢，互聯網更是噪音收集站，意見亂葬崗和碩大的回音谷，少有一手內容和原著觀點，香港文化底子先天不足，更加恐怖。

不過，有一套電影我是由衷兼夠膽「係人都推介」的，就是楊德昌的《一一》。個人認為這是當代必看電影之一，個人認為我的主觀十分客觀。

《一一》是百份之二百的雅俗共賞。你很難很難不喜歡這電影的。近乎不可能。（請容許我比較誇張，而且我不忿氣）。關於楊德昌的死訊，香港掀起的波瀾太小，和他應得的重視和感傷不成正比，真不識貨。我不忿氣。楊德昌喎，這個拍《牯嶺街少年殺人事件》、拍《恐怖份子》、拍《一一》，一再思索台灣現代文化邏輯的國際知名華人康城最佳導演喎！撐起台灣電影新浪潮的一楊一侯（孝賢）那個楊生喎！排隊喪買名牌環保袋就識。

《一一》由一個婚禮開始，一個葬禮結束，8 歲小主角洋洋用小王子的眼光看世界，有智慧的童真令人愛不釋手。人生的課題：生、老、死，戀愛、失去、寂寞，楊導用真心良心來呈現，看得人窩心。片名為《一一》，因為人生於世，其實每個人都是一個一個個體，在各種考驗的底線前最終唯有自己、靠自己，和生命的順逆隻揪，單打獨鬥。影片時溫柔時帶哲學性，也實在清楚「未曾長夜痛哭者，不能語以人生。」

有次我逛影音店，看見《一一》的 DVD，賣「正價」15 皮，很傷心，售價與質量嚴重不成正比大細超，心中咕嚕着「唔係嘛！」之際，發現不遠處的《砵蘭街 XXX》都賣 40 大洋！

hing 得我即時掃貨，買光店內所有的《一一》！忍受不了它們留在那裏被侮辱。也不過豪擲了兩嚿幾水，上網由 amazon 買一隻 Criterion Collection 出品的 DVD 都唔夠。唉。楊德昌，我能為你做的，就那麼少。

不少報導說他病逝前如何遺世獨立，有未完心願懷才不遇，世人對他的愛惜不夠。

我不認識楊德昌，只認識他的電影。夠了。7 月 1 日對我來說，再不只是走上街的日子，不單是戴妃的生忌，那天，收到了楊德昌的死訊。

07 都在扮正常人

✳

他們擅長酗酒，出名酗酒，當中有些是飲酒飲死的，有些是自殺身亡的：著名作家海明威、F. Scott Fitzgerald、Tennessee Williams，還有諾貝爾文學獎得主Eugene O'Neill。有幸有不幸，他的名字被《華盛頓郵報》齊名的加入這堆偉大人物之中，在藝術創作領域裏，是個不得了的肯定，在濫藥吸毒酗酒的死因裏，是個痛心的婉惜。興許是個藉口，才華橫溢的詛咒，Philip Seymour Hoffman和很多人名顯卓的作家一樣，心緒要逃入藥物酒精，清醒，好像生命不能承受。為什麼？

年初四早上打開iPad一讀新聞，有種莫名的失落。深沉的，嚴重的。讀一篇不相信，讀兩篇不想相信，讀了大部分外國權威報章雜誌的報道，我才願意面對Hoffman真的不可能再有下一部作品的事實。二話不說往書架拼命的找，抽出這本《Too Brief a Treat：The Letters of Truman Capote》作早餐，用這個 Capote 來抓緊來記取另一個 Capote，彷彿令 Philip Seymour Hoffman 走得慢一點，還近一點。我的早餐吃得很難過。他的死亡，竟瀰漫水仙花香氣。當代難得。差一些，再多點時間，或許他會是男的梅麗史翠普，令什麼都更有趣。世上不可能看見他日後怎樣活化一個 King Lear，一個 Prospero，一個莎士比亞人物，絕了。

喜愛他始於 1998 年的《Happiness》，他不快樂得內傷，孤獨得有種抑壓的脆弱，變態得那麼痛苦，他悲哀我顫抖，從此認定他是出色的演員，再不動搖。儘管他那時連奧斯卡最佳男配角的提名都未有。作為一個年輕的影評人，他之後的履歷說明了他的才華，也間接肯定了我的眼光。他的：《Magnolia》、《不日成名》、《Capote》，對，《Capote》、《The Savages》、《聖訴》，還有被低估的《大師》，他和 Joaquin Phoenix 一場用對白比劍過招的隻揪，日後必成經典。

剝光自己直到骨頭，剖開自己直至心臟，是他的演出。每一個角色，他掏空自己直至一無所有，再移植另一個人的五臟六腑進去，無我，變成另一個人，可怕地，毫無保留地，血淋淋地。演員像他，是人類七情六欲的哥倫布，但孤舟隻影，千山獨行，到沒有人到過的情天涯恨海角，到十八層地獄最深最陰暗處，打探銳熱極寒劇痛，去發現去感受人性最私密的遺憾、軟弱、荒涼、淒苦、傷恨、孤獨，再帶返人間，用血肉之軀盛載給我們看，觸摸最幽深的悸動。演員像他，有這個能力天才，無畏地打開自己所有感官之門，赤裸裸不設防，把別人的瑕疵都往自己身上種，把人性的悲哀可憐悲劇懦弱自私變態荒謬怪雞渺小自大可笑都往自己的血管輸，他演幾多角色，都是受盡折騰的靈魂。如此驚人地不停進出自己和他人的生命，有時可能認得路回家，認不回自己。

或許最厲害的作家也一樣，創作要求他們極度敏感極度脆弱極度赤裸，也只有這樣才看得見別人看不見的，寫得出別人寫不出的，但極度入局之後必須極度旁觀，極度麻木，才能在殘忍的世界存活下去。長期用狗的聽覺聽人世的善惡，用狗的嗅覺去聞人間的無情，是不能想像的酷刑。你知道自己是個感受比人深、情感比人深、孤獨比人深的怪物。「誰自願獨立於天地痛了也讓人看」。或者，酒精和毒品是開關掣，縱使是個絕對的 no excuse。

俱往矣。他戛然而止的生命留給電影的，如書上一句“too brief a treat”。太可惜。“We've not only lost Philip Seymour Hoffman, we've lost all those Hoffman moments that might have been”。心疼是他們在生時嬉皮笑臉，一本正經，努力扮個正常人。

08 邀請你一起寂寞

✳

我捨不得它完結。

差不多想跑出去扯着銀幕叫字幕不要往上捲，依戀着想它多留一會：《福爾摩斯的最後奇案》。多謝世上有電影這回事。
然而時光有限。

就算智慧過人聰明絕世如福爾摩斯，一樣要面對年老、退化和死亡，多麼不凡，還是凡人，避不過。再精密的頭腦，都偵不破生命的消弭、遺憾和差錯。

Sherlock 老了，尚能破案否？ 93 歲了，時不與我，智不由我，他記性大不如前，忘記的留不住，空白的填不上，日趨嚴重，然而當智力和生命力一點一滴消逝，對生命世道人情的感知，反而一分一毫從零開始拾回，他人生的最後一個奇案，是一場救贖與普渡。

片首即講大黃蜂和蜜蜂的分別，寶刀未老，表演福爾摩斯一眼穿七的觀察力和淵博的知識，有心無意為故事作預示，給你貼士。生命，從來在你不為意的字裏行間，為你留下線索，只要你願意細看，世界待你不薄。

九十多的高齡，老遠從英國走到日本，為的是取經了解山椒。山椒，可以抗衰老。科學上是這樣說的，他有這個學識，知道山椒的保健功能。千里迢迢，萬里煙波，努力想延緩衰退，竭力去保住記憶，只為想記起退休前所接的最後一案。執筆，忘事，全無頭緒，但又隱隱感到此案非比尋常。明明如此非比尋常，偏偏無痕。人到日本，反而翻起了自己的另一舊案，案中有案，救贖中有救贖，又是後話。

回到家裏，舉目無親無友，只有管家和她的小兒子 Roger，聰明的小子，對名偵探很崇拜，但傭人之子起初連他家也不許進。福爾摩斯是什麼人？一生精明，世情難事奇案雜症，於他是生菜和薯片，易食、零食，他以過人之資、銳力的洞察、精密的分析、豐碩的學識，抽絲剝繭，遇案破案，所向披靡，他不在乎世故人情，不屑糾纏七情六欲，於他，這些都是凡俗、都是多餘、都很「阻定」，有礙看穿真相，是缺點。唯有像他，重邏輯看細節認肌理求科學，才可超然於世。他看不起情緒，瞧不起人性，他有這個本事，戒情得定，做一個自給自足的孤島。這個寡言鋒利，倨傲自負的人，是個孤島，又為什麼不？他無情。無情是最無敵，作為偵探，他享受無情，是他的兵器。

但兵器傷人。到無堅不摧的智慧，在苟延殘喘的身軀，時運作時故障，他回首得蹣跚踉蹌氣喘，有一片沒一片地尋回耿耿於懷的案件碎片，他才有領悟。原來老去帶來的脆弱，打開的缺口，才是生命最大的禮物，讓他偵破多個生命課題：失去、記憶、忘記、原諒、放下、孤獨、死亡。Story telling VS Retelling of a story，真實 VS 建構的真實 VS 重構的真實，本片有多重欣賞反思意義。

最後一案，他同樣無情戳破，像庖丁解牛徒手剖開，乾淨俐落，把一個因子女死亡、丈夫懷疑自己的女人之寂寞，翻開得無所遁形見血封喉。這個絕望的女人，所思所累被他識破，全身的瘡孔被他用 X- 光照穿，終於有種被了解的安慰。這一刻，她不再那麼寂寞，悸動地，禮貌地，顫抖地，破碎地，她邀請他一起寂寞。這一幕，我的心跳少了一拍，有想跪下痛哭的衝動。這兩個全世界最寂寞的人，有過一剎燈火明通明的相知。但孤島拒絕了，她不過是一件案件，不是一個人。他 hit and run。她之後自殺而死。

記憶尋回了，最後答案竟是心中一個大洞：自己卑下的脆弱，還是窩囊？原來當時，案是破了，靠得住的聰明還是那麼了得，但沒有勇氣和一個陌生女人一起寂寞。後悔莫及，退休洗手。

有限光年有限身，回溯前事，過程裏他不能再自給自足，身心都需要別人照顧，孤島慢慢不自知的加了一個碼頭，讓小 Roger 停泊在旁，做一個遲來的華生，他的年幼天真，沖淡他的蒼老，一老一嫩，友情發展得動人，反正 Roger 生命從來父親缺席，正好互相補白，互相滋養，互相救贖，一切都是人情。尤其當 Roger 遇上意外，他痛不欲生。（又生一案）

他明白了。舊了的年華和肉身，已拆解不了如今生命的衰敗和昨天的遺憾，還可以做的，就是以餘下的光陰，領悟修身。既然寂寞，既然身邊也有需要善良和照顧的人，何不各取所需？倨傲退一步海闊天空，承認自己不是孤島。於是，也願意為日本朋友做一次自己史無前例的人情，圓一個謊，俗一次。最後的奇案，是偵破處世修身之道，救贖不了過去，至少領悟現在，功德無量。

無情好，孤絕再好，但不會明白到「思念你至全身疼痛」之美。人情，有時是腐敗的浪漫，是俗。但人生在世，沒有試過，沒有本事，沒有經歷去吃一點腐敗的浪漫，也算枉過，未因為世故溫柔，從過一點俗，不是太沒出色了嗎！

最後一案，93 歲的他學懂了如何與人分享寂寞，他學懂了如何做人。

書名	《電影萬歲》B 碟
作者	畢明
編輯	呂嘉俊
書籍設計	李嘉敏 @comes n goes
相片提供	安樂影片有限公司
	SRAB FILMS / FIRST DISTRIBUTORS (HK) LTD.
	環球影業
	華納兄弟
	《尚未完場》導演徐岱靈、祁凱達

出版	字字研究所有限公司
網址	www.wordbywordcollective.com
電郵	wordbywordltd@gmail.com
承印	新世紀印刷實業有限公司
香港發行	一代匯集
台灣發行	紅螞蟻圖書有限公司
定價	港幣 $148 / 新台幣 $650
國際書號	978-988-70781-0-4
出版日期	2025 年 2 月

工作室贊助

ISBN 978-988-70781-0-4